JN107394

あたまがよくなる！

キラ☆キラ 女の子の

パズル DX

筑波大学附属小学校前副校長
田中博史 監修

西東社

『キラメキパズルDX』は 考える力を育てます

筑波大学附属小学校前副校長 田中博史

　「あたまがいい」という言葉のもつ意味は何だと思いますか。「たくさん覚えられること」「計算が速いこと」ですか。今やその両方ともスマホ一台あれば事足りる時代です。これからの人間に求められる力は、独自の発想で道を切り拓いていくたくましい力です。一度で正解をださなくてはならないと臆病になった人では未来への扉は開けられません。

　発想の豊かな人は、実はたくさんの失敗の経験をもっている人だとも言われています。本書にはそんな経験がたくさんできる"おもしろ問題"が満載です。登場人物と一緒にゆっくりと謎解きをする時間を楽しんでください。

とけた！ × なるほど！ × チャレンジ！で ぐんぐん伸びる！

本書のパズルページは、2問の基本問題▶解説マンガ▶チャレンジ問題、のセットになっています。まずは基本問題で解ける気持ちよさを味わい、解説マンガで要点を楽しく理解し、より手ごたえのある問題に挑戦したくなる仕組みになっています。

7つの パズルタイプ（→P3）

おうちの方へ
問題のねらいと
アドバイスを記しています。

レベル
難易度を5段階で表示。
ページが進むにつれ
難しい問題が増えていきます。

チェック欄（→P36）
解いた問題に色をぬります。
お子さんの得意な傾向が
見えてきます。

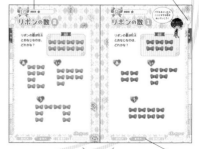

チャレンジ問題　　　解説マンガ　　　基本問題

4つの能力
（→P3）

\たのしい!/ 7つのパズルタイプ

この本は、算数の基礎力となる「数・量」「図形」「きまり発見」「論理」、これからの時代に求められる「データ」「プログラミング」、試行錯誤する力がつく「めいろ」の7分野の問題で構成しています。

- 数・量
- 図形
- きまり発見
- 論理
- データ
- プログラミング
- めいろ

\きらめく!/ 4つの能力

問題に向かうとき、問われていることを正確に理解する「読解力」、答えを導き出す「発想力」、筋道を立てる「整理力」、頭の中で立体を自在にイメージする「空間認識力」が必要とされます。パズルごとに特に刺激される能力を示しています。

×

- 読解力
- 発想力
- 整理力
- 空間認識力

お子さんを伸ばす! 3つのかかわり方ポイント

大人がほんの少しかかわり方を意識するだけで、子どもは自ら考え、育っていきます。大切なのは、答えを教えることでも、評価することでもありません。考える楽しさを味わわせてあげたいですね。

ゆっくりと見守りましょう

答えにたどりつく速さは重要ではありません。なかなか解けないでいると、つい「まだ分からないの!?」と言いたくなります。ですが、長い時間考えることができるその集中力こそほめてあげるべきです。

正解より思考のプロセスを大切に

「なんで間違えたの!?」は自ら考えることを消極的にさせてしまいます。「どうしてそう考えたの?」と聞いてみてあげてください。考え方自体は正しかったり、説明のなかで自ら間違いに気づいたり、と発見があるはずです。

子どもに教えてもらいましょう

お子さんが答えを導き出せずに悩んでいたら、ぜひ一緒に悩んであげてください。シュートを決めて見せるのではなく、答えページの「おうちの方へ」や解説マンガを参考に、「?」のパスを出してあげることを意識しましょう。

＊お子さんと一緒に36ページ「この本のたのしみ方」もご確認ください。

めざせ！ **パズルマスター**

······ 5〜35ページ、316〜317ページ

この本のたのしみ方 ······· 36ページ

もくじ

パート **2**

ごろごろ

クッキング パズル

77〜116ページ

パート **1**

キラキラ

おしゃれ パズル

37〜76 ページ

パート **4**

ウキウキ

りょこう パズル

157〜196ページ

パート **5**

ドキドキ

きもだめし パズル

197〜236 ページ

パート **3**

ルンルン

どうぶつ パズル

117〜156ページ

パート **7**

ワイワイ

ぎょうじ パズル

277〜318ページ

パート **6**

ワクワク

めいさく パズル

237〜276ページ

おまけもんだいの答え ··· 319ページ

めざせ！ パズルマスター

すずらん学園のなかよし４人組。
シオン先生とパスカルに出あって、
パズルマスターをめざすよ！
みんなもいっしょにパズルをとこう。
さあ！　たのしいパズルのはじまり、はじまり。

国語の
山田先生かも！

英語の
エミリー先生
がいいな〜

社会の
ツル岡先生
かな？

マッスル！

えーっ

体育の
剛田先生は？

たんにんの
先生を
はっぴょう
します！

みなさん
おしずかに

ザッ…！

ほんものはどれ?

シオン先生がだいていたAIロボットはどれでしょう。
あ〜えから、ほんものを1つ見つけてね。

あ

い

う

え

読解力　　発想力　　整理力　　空間認識力

[答え]

え

せいかいだよ!

茶色かったよね

頭にポンポンがついてた

しっぽがふわふわだったよ

だからこれだね!

きみたちは色やかたちとくちょうにちゅうもくして

おなじところちがうところを見つけてパスカルをさがしだした

これはものすごーーく

すばらしいことだっ!!

ザッパーン

ならびじゅんをよーく見て

パズル 2 ▸▸ プログラミング

ぬけたきごう

きごうがきそく正しくならんでいるよ。
あ〜えの □ に入るきごうを、1つかきこもう！

1 ○●○●○ [あ] ○●○●

2 ○×○×○× [い] ×○×

3 △△▽▽▽△△▽▽ [う] △

4 ○△ [え] ○△□○△□○

答え 16ページ

読解力　発想力　整理力　空間認識力

14

[答え]

あ … ● 　〇と●が
こうごにならんでいる

い … 〇 　〇と✕が
こうごにならんでいる

う … △ 　△（上むき）、▽（下むき）が、
上上、下下と2つずつならんでいる

え … □ 　〇△□が
くりかえされている

それぞれが
どんなルールで
ならんでいるか
考えるんだ！

かたち
むき
色

ほら
パスカルの
しっぽも…

さがしてみよう！

みんなのまわりにも
きそくてきにならんで
いるものがないかな？

くじで
せきが
きまりました

毎日
せきがえ
してみる?

やったあ!

ぽぅん

パスカル
いいアイデアは
ない?

4人で
はんを作って
せきを
いどうしていくのは
どうでピか?

わたしあした
まどがわね

じゃあ
うしろに行くよ

わたし
そこ〜

あっ
でも

すずちゃんの
せきが
かわらない
じゃん!

どうしよ!?

何日かかる？

C Bのせきの子を
37～75 ページで
さがしてみよう！
◀答え319ページ

ぜんいんが、**A**、**B**、**C**、**D** ぜんぶのせきに
すわるためには、何日ひつようかな？

◀答え20ページ

読解力　　発想力　　整理力　　空間認識力

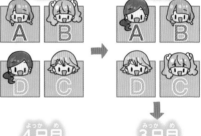

むかしのことわざだよ

おなかがすいていたら力が出ないってことでしょ

「ハラがへってはいくさは…」ってなんだろうね？

わたしはハラペコアオムシだよ～

アイカったら！

先生もいっしょに食べるぞかたちあそびしながらね！

かたちあそび？

よこから見ると？

やじるしの方向から見ると、どんなかたちに
見えるかな？　かたちにまるをつけよう。

あ
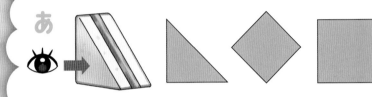

い
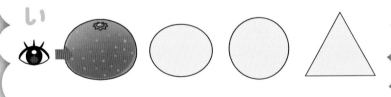

う
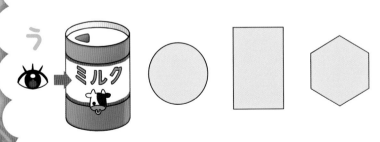

23

読解力　発想力　整理力　空間認識力

[答え]

あ　　　　い　　　　う

頭のなかに物体を思いうかべて

上下左右自由にうごかしてそうぞうすることがじゅうようだね

上から見ると円に見えるよ！

は

長方形！

は

わたしサンドイッチはツナがいいなあ

たまごもすてがたい…

かたちじゃなくて中身をそうぞうしちゃっているし…

ミルク

ミルク

よーし！これからおたのしみタイムだ

キーン コーン

ここにはってあるカード ♡ ★ で1組（くみ）とすると ◇ ■ でぜんぶで何組（なんくみ）あるでしょう？

パスカルのような

AI（エーアイ）ロボットはまちがえないけど

にんげんがゆびでかぞえたりすると

まちがえてしまったりわからなくなってしまったりするよね

だからかぞえ方（かた）をくふうするんだ

みんなえんぴつをもって！

ぜんぶで何組？

3つのマークで1組のカード、
ぜんぶで何組あるかな？

＼これで1組だよ／

◀ 答え28ページ

読解力　　発想力　　整理力　　空間認識力

つなげる

かこむ

まとめたり
せいりしたり

くふうすると
かぞえやすく
なるんだ！

カードを
うごかせるなら
こんな方法も
あるでピ！

1組ごとにおいていく

色ごとにまとめてかぞえる

【答え】

16組だよ！

どのマークが人気？

♥ ★ ◇ のカードがならんでいるよ。
どのマークがいちばん多いかな？

◀ 答え32ページ

おなじくらいに見えるね

読解力　発想力　整理力　空間認識力

30

[答え]

いちばん
多いのは

ハート!!

せいかい
でピ!

だ～

先生は
かんどうした！

これはグラフだ！

パッと見る
だけで
どれが
いちばん多いか
よくわかるね!!

	ハート	星	ダイヤ
まいすう	7	5	4
じゅんい	1	2	3

わたしは
こうやって
かいてみたよ

これは…
表だ!!

しらべた
ことを文字と
数をつかって
わかりやすく
せいりした
ものだね！

これも
見やすいね！

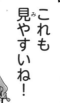

つぎは
おなじカード
をつかって

こんなのは
どうかな？

パズル 7 ↝ めいろ

ゴールをめざそう!

♥ → ★ → ◇ のじゅんにすすんで、ゴールしよう!
いちど通った道はすすめません。

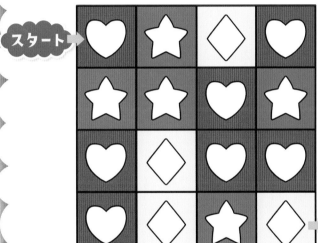

スタート▶

これはめいろだね

読解力　発想力　整理力　空間認識力

それで
いいんだよ!!

わたし
めいろって
にがて

わかる
行きどまりに
なると
なやむよね

[答え]

スタート

ゴール

行きどまりに
なったら
1つまえの分き点
までもどろう!

行ったりきたり
試行錯誤しながら
ゴールをめざすのが
めいろの
おもしろさだよ

はじっ

34

この本のたのしみ方

たのしいテーマごとに、パズルがもりだくさん!

ほかにも、おたのしみもんだいやおまけもんだいも

いっぱい。ぜんぶで 256 もんあるよ!

たのしみ方 1

すきなもんだい からとこう!

パズルには、いろいろなタイプのもんだいがあるよ。すきなもんだいからといてみよう! パート 1、2、3…とだんだんむずかしくなるよ。

たのしみ方 2

かいて 考えよう!

パズルは、あたまで考えたことをかくと、ときやすいよ。まちがえてもだいじょうぶ。どんどんかきこんで、どんどんとこうね!

たのしみ方 3

キャラクターに ちゅうもく!

パズルの右上にいるキャラクター。パズルのポイントやまめちしきをおしえてくれたり、おまけもんだいを出したりしているよ。よんでみよう。

たのしみ方 4

パズルメーターを ぬろう!

パズルのわきにあるまるは、パズルメーターだよ。そのページのパズルをといたら、すきな色でぬろう。おわったパズルもわかっていいよ!

数・量

じっくり かんさつしよう!

〈ものしり〉
カチューシャは英語で
head band だよ!

ハートは いくつある?
答え319ページ

パート1

♪キラキラ♪
おしゃれ
パズル

ようふくをコーディネイトしたり、
アクセサリーをせいりしたり──
おしゃれって、いっぱいくふうするよね☆

たとえばこのようなつみ木がある（き）

「おなじようにつみ木をつんで（き）」といえばきみたちはマネをしてつむことができるよね？

も

もちろん

パスカルのようなロボットはうごきをじゅんばんにしじしてあげなきゃダメなんだ

1 みどりのつみ木をおく（き）
2 青のつみ木をおく（あお）（き）
3 赤のつみ木をおく（あか）（き）

コンピューターがもくてきのとおりにうごけるようにしじすることを

プログラミングといういんだよ

つまり、先生の（せんせい）プログラミングで

パスカルはせいふくをきたんだぞ

すごいだろう

えっへん！

じゅんばんは？

先生はパスカルのきがえを
どんなじゅんばんでプログラミングしたのかな？
あ 〜 **う** からえらぼう！

あ

1 ズボンをはく

▽

2 シャツをきる

▽

3 サスペンダー
をとめる

▽

4 うわぎをきる

い

1 ズボンをはく

▽

2 うわぎをきる

▽

3 シャツをきる

▽

4 サスペンダー
をとめる

う

1 シャツをきる

▽

2 ズボンをはく

▽

3 サスペンダー
をとめる

▽

4 うわぎをきる

読解力

パズル 8
プログラミング 答え

[答え]

ふつうは **あ** ですよ

先生の
プログラミングは

い

えーと

うわぎの上に
シャツをきてる
から……

そうか

リボンの数 ①

パズルをといたら
ここにすきな色を
ぬっていこう！

リボンの数が見本
とおなじなのは、
どれかな？

見本

あ

い

う

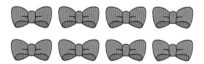

◀ 答え 44 ページ

10 リボンの数 ②

数・量

図形

リボンの数が見本
とおなじなのは、
どれかな？

見本

あ

い

う

◀ 答え 44 ページ

読解力　発想力　整理力　空間認識力

[ 10 の答え]

う

[9 の答え]

い

リボンが
1こ、2こ…

かぞえなくても
わかる方法が
あるぞ

かぞえ
ない?

このリボンを
うごかすと
どう見える?

あ!
見本と
おなじだ!!

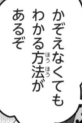

これは
たりない

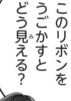

くふうして
考えると
もんだいは
ときやすく
なるよ!

リボンの数 3 チャレンジ

リボンの数は
12こでピ!

リボンの数が見本
とおなじなのは、
どれかな?

見本

数・量

あ

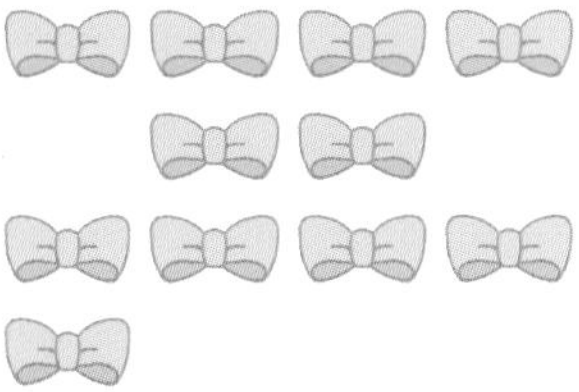

い

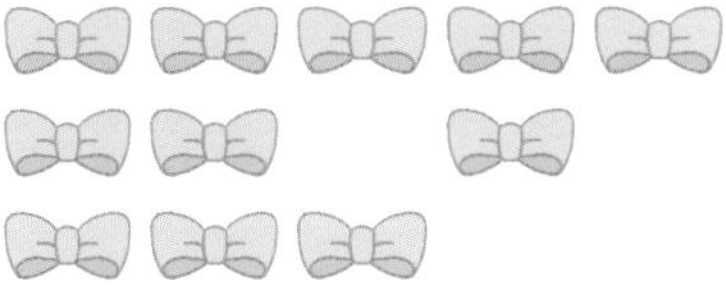

う

え

答え 76 ページ

45

読解力　発想力

なかまはずれ ①

じっくり
かんさつしよう♪

すてきなワンピースだね。
なかまはずれが１つ。どれかな？

◀ 答え 48 ページ

なかまはずれ ②

ぼうしの
ひさしぶぶんを
何という？
答え319ページ

かわいいぼうしだね。
なかまはずれが１つ。どれかな？

答え 48 ページ

数・量

図形

きまり発見

プログラミング

めいろ

読解力　　発想力　　整理力　　空間認識力

[13 の答え]

[12 の答え]

12

ぜんぶなかまはずれじゃない？
色がどれもちがうよ？

色は？

なかまをさがしてみるでピ！

ぜんぶちがう

かたちは？

ぜんぶおなじ

もようは？

×4

水玉が4つ
しまが1つ

×1

しまがなかまはずれ！

なるほど～
いろいろな見方で
かくにんが
ひつようだね！

〝見る力〟
アップ！

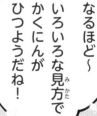

48

わたしが
コーデしたのは？
46・47・49 ページ
からえらんで。
答え319ページ

かわいいバッグだね。
なかまはずれが１つ。どれかな？

答え 76 ページ

整理力

49

見本をよ〜く
見るでピ！

見本の絵と
おなじように、
点と点をむすぼう。

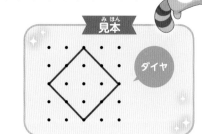

見本

ダイヤ

◀ 答え 52 ページ

数・量

図形

プログラミング

めいろ

読解力　　集中力　　整理力　　空間認識力

50

点むすび ②

見本の絵と
おなじように、
点と点をむすぼう。

見本

リボン

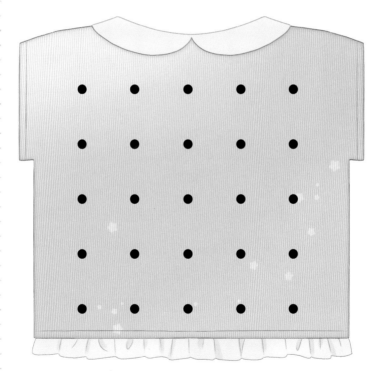

◀ 答え 52 ページ

51

読解力　発想力　整理力　空間認識力

【おうちの方へ】点つなぎ（点描写）は図形感覚を養う問題です。❸のチャレンジ問題のように、点を1つとばしてななめにつなぐのは案外難しいものです。点の位置と数を間違えないように注意力が求められます。

[16 の答え]

[15 の答え]

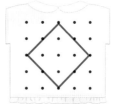

16

あれ？
なんか見本と
ちがう！

点のいちと
数をせいかくに
かぞえるんだ

アイカ作

はじまりが
1つ上
だったから
合わなく
なったんだ

かんぺき！

ここを
なおそ…

ささっ

おお！

17 レベル ★★

点むすび ③ チャレンジ

コピーをして
がらを考えるのも
たのしいよ！

見本の絵と

おなじように、
点と点をむすぼう。

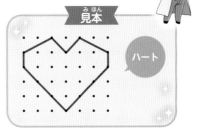

見本

ハート

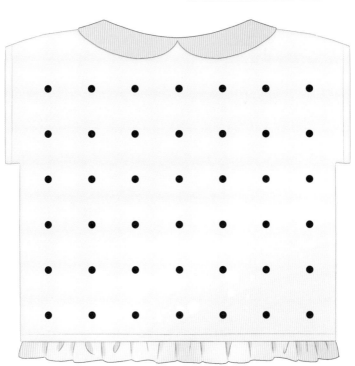

◀ 答え 76 ページ

空間認識力

多いのは？ ①

下の表を
つかうと
いいよ♪

水玉としまのもようのくつ下。
多いのはどっち？

水玉	しまもよう	多いのは
足	足	水玉 ・ しま

◀ 答え 56 ページ

読解力　　　発想力　　　整理力　　　空間認識力

数・量

図形

データ

プログラミング

めいろ

54

レベル ★☆☆☆☆

多いのは？ ②

ハートは
いくつある？
◀答え319ページ

ゆびわとペンダント。多いのはどっち？

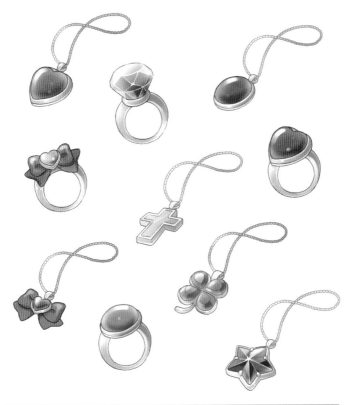

ゆびわ	ペンダント	多いのは
こ	こ	ゆびわ ・ ペンダント

◀答え 56 ページ

読解力　　判断力　　整理力　　空間認識力

55

【おうちの方へ】この問題はデータを整理する力を養います。新学習指導要項で、とても重視している力です。ここでは表に整理する体験を増やすことが目的です。

[19 の答え]

ゆびわ
4こ

ペンダント
6こ

多いのは ペンダント

[18 の答え]

水玉のくつ下
5足

しまのくつ下
4足

多いのは 水玉

56

20 レベル ★★

多いのは？ 3

\ものしり/
カチューシャは英語でヘッドバンド head band だよ！

カチューシャ、ヘアゴム、ヘアピンがあるよ。
多いのはどれかな？

カチューシャ	ヘアゴム	ヘアピン	いちばん多いのは
こ	こ	こ	カチューシャ ヘアゴム ヘアピン

答え 76 ページ

整理力

♪ おたのしみもんだい ♪
ようふくをデザインしよう！

22

21

ポイント:

ポイント:

ようふくに、すきながらをかいたり、色をぬろう！
デザインのポイントをかいて、おしえてね。

◀ 答え 76 ページ

ポイント：

ポイント：

かがみにうつる
すがたをそうぞう
するでピ

女の子がかがみを
見ているよ。かがみに
うつるすがたは、
あ 、 **い** のどっち？

◀ 答え 62 ページ

あ

い

数・量

図形

きまり発見

プログラミング

めいろ

読解力　　　　　　　　　　　空間認識力

60

かがみうつし ②

まよったら、
かがみのまえに
立ってみよう♪

女の子がかがみを
見ているよ。かがみに
うつるすがたは、
、のどっち？

◀答え 62 ページ

読解力　発想力　集中力　空間認識力

【おうちの方へ】鏡にどのように映るか想像して解く問題です。鏡に映るものは、左右が逆になる性質に気づくことが大切です。実際に鏡の前に立ってみるといいですね。

[26 の答え]	[25 の答え]
あ いはバッグがはんたいがわ	**い** あはうでがはんたいがわ

かがみってふしぎだよね

すずにはどう見える？

左手を上げてるよ

かがみでは左右はんたいにうつるからね

時計をうつしてみるとわかりやすいぞ

かわらないすうじもありますね

それは右と左のかたちがおなじすうじだな

あれと…あれだ！

みんなもかがみにうつして見てみよう！

かがみうつし チャレンジ 3

女の子がかがみを
見ているよ。
かがみにうつるすがたは、
あ ～ **う** のどれかな？

◀答え 76 ページ

数・量

図形

きまり発見

プログラミング

めいろ

あ

い

う

読解力　　　　発想力　　　　推理力　　　　空間認識力

28 レベル ★★☆☆☆

おかたづけ ①

通りぬけられる かべがあるね！

おうちにちらばったもの を5つひろって、かたづ けましょう。

ルール

＊5つのアイテムを かたづけます。多くても 少なくてもいけません。
＊おなじ道は通れません。

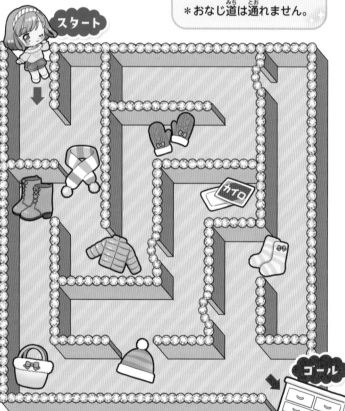

スタート

ゴール

◀ 答え 66 ページ

読解力　　　　　　　　　　　　　　　　空間認識力

数・量

図形

プログラミング

めいろ

29 レベル ★★★★★

おかたづけ ②

スタートの
女の子がさいしょに
とうじょうする
ページは？
◀答え319ページ

おうちにちらばったもの
を5つひろって、かたづ
けましょう。

ルール

＊5つのアイテムを
かたづけます。多くても
少なくてもいけません。
＊おなじ道は通れません。

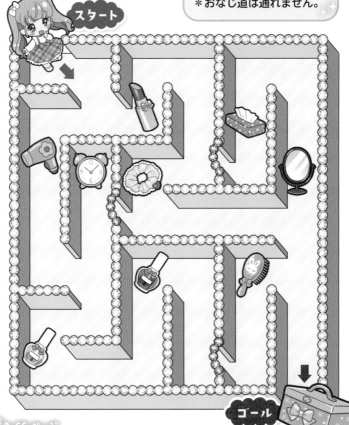

スタート

ゴール

◀答え 66 ページ

数・量

図形

プログラミング

めいろ

65

読解力　　　整理力　　　空間認識力

【おうちの方へ】迷路は楽しく知育になるパズルです。この迷路は立体迷路のように見え、難しく感じる子がいるかもしれません。ときにはおうちの人もわざと失敗してみせ、話し合ってみるのもいいですね。

28〜29答え

[29 の答え]

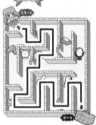

[28 の答え]

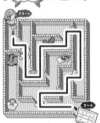

ゴールはできたけど3つしかかたづけてない

こっちだと4つだし…

1つ1つためすのはいいことだよ

ためすことでかならずせいかいにたどりつける！

もう1回やってみよう！

はぁ…！

試行錯誤すばらしい！

できた！

けっきょくぜーんぶかたづけちゃった

え〜

66

おかたづけ ③

おうちにちらばったものを5つ
ひろって、かたづけましょう。

＊5つのアイテムを
　かたづけます。多くても
　少なくてもいけません。
＊おなじ道は通れません。

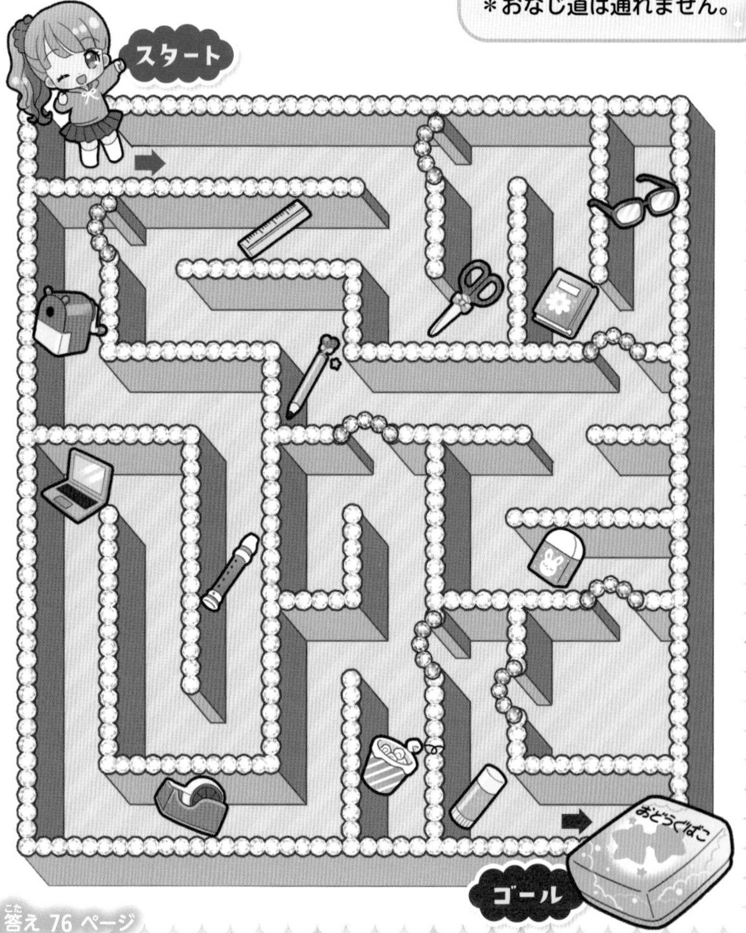

スタート

ゴール

おどうぐばこ

数・量

図形

プログラミング

めいろ

◀ 答え 76 ページ

67

読解力　　発想力　　思考力　　空間認識力

31

レベル ★

何通り？ ①

ヒントのように
線でむすんで
みよう！

トレーナーが2しゅるい、スカートが2しゅるいあるよ。
コーディネイトは何通りできるかな？

◀ 答え 70 ページ

ヒント

トレーナーが1しゅるい、スカートが2しゅるいだと、コーディネイトは2通りだね。

トレーナー

スカート

読解力   整理力

68

32 レベル ★

何通り？ 2

ものしり！
わたしがかぶっている
かたちのぼうしは
英語で cap というよ！

ワンピースが3しゅるい、ぼうしが2しゅるいあるよ。
コーディネイトは何通りできるかな？

◀答え 70 ページ

◀答え 70 ページ

ヒント

ワンピースが1しゅるい、ぼうしが2しゅるいだと、コーディネイトは2通りだね。

ぼうし

ワンピース

読解力　　　　　整理力　　空間認識力

【おうちの方へ】論理的思考力が求められる問題です。情報を整理する方法も身につけることができます。普段の生活でも、服を出してコーディネイトが何通りできるか考えさせてみても楽しめます。

31〜32 答え

[32の答え]	[31の答え]
6通り	4通り

70

33 レベル ★★

何通り？ 3

けいさんでは
どう出す？
◀答え319ページ

セーターが３しゅるい、
ズボンが３しゅるいあ
るよ。
コーディネイトは何通
りできるかな？

◀答え 76 ページ

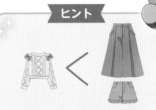

ヒント

セーターが１しゅるい、ズボ
ンが２しゅるいだと、コーディ
ネイトは２通りだね。

セーター

ズボン

数・量　図形　論理　プログラミング　めいろ

読解力　算数力　整理力　空間認識力

女の子をさがして ①

つぎのヒントをよんで、あ ～ え から
ゆりちゃんをさがしてね。

ヒント 1	ゆりちゃんは手に何かをもっています。
ヒント 2	まいちゃんのとなりです。
ヒント 3	まいちゃんはぼうしをかぶっていません。

あ　い　う　え

◀ 答え 74 ページ

数・量

図形

論理

プログラミング

めいろ

読解力　　整理力　　空間認識力

72

35 レベル ★★

サッカーは
1チーム何人？
◀答え319ページ

女の子をサがして ②

つぎのヒントをよんで、**あ**〜**え**から
マリエちゃんをさがしてね。

ヒント 1	マリエちゃんは赤いくつではありません。
ヒント 2	ななちゃんの足もとにはボールがあります。
ヒント 3	ななちゃんのとなりのみかちゃんは白いくつです。

あ **い** **う** **え**

◀答え 74 ページ

読解力

数・量　図形　論理　プログラミング　めいろ

[35 の答え]

あ

[34 の答え]

い

34

こういうのニガテ…

消去法だよ

ショウキョウ？

ヒントのないようからしぼりこんでいくんだ

何かをもっている

2人のどちらかだね

まいちゃんのとなり

右の子はかんけいないね

まいちゃんはぼうしをかぶっていない

となり

となり

となり

×

まいちゃん

となりがゆりちゃんだから？

いの子だ！

あみちゃんの
おしごと
わかるかな？
◀答え319ページ

女の子をさがして 3

チャレンジ

つぎのヒントをよんで、**あ** ～ **お** から
あみちゃんをさがしてね。

ヒント 1	あみちゃんはめがねをかけていません。
ヒント 2	ひなちゃんとめいちゃんのあいだです。
ヒント 3	ひなちゃんは手に何かをもっています。
ヒント 4	めいちゃんはぼうしをかぶっていません。

あ **い** **う** **え** **お**

◀答え 76 ページ

数・量

図形

論理

プログラミング

めいろ

読解力

75

[57ページ ]

カチューシャ	ヘアゴム	ヘアピン
5こ	4こ	6こ

いちばん多いのは **ヘアピン**

[63ページ 27]

う

あはふくの色がはんたい
いはふくの色とぼうしがはんたい

[67ページ 30]

[71ページ 33]

9通り

[75ページ 36]

い

[45ページ ]

え

[49ページ 14]

1つだけ
キーホルダーが
ついている

[53ページ 17]

[58〜59ページ]

＜れい＞

ポイント:
水色と青の
組みあわせ。

＜れい＞

ポイント:
カラフルな
ところが
かわいい。

まちがいはないよ。
色やがら、かざりなど、
くふうしたポイントを
うまくつたえよう。

76

クッキングパズル

みんな、おいしいものは大すきだよね♥
お料理やおかいものって、
じつはとってもべんきょうになるんだよ☆

どう分けるの？

ケーキをかぞく4人で食べるよ。
おなじ大きさになるように4つに切り分けるには、
どう切るといいのかな？　線を引いてみよう！

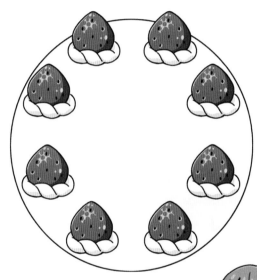

イチゴは8つだから…
4人だと2つずつ食べられるね

◀ 答え 80 ページ

読解力　　観察力　　整理力　　空間認識力

この切り方だと
はしの人が
少ないじゃん

たしかに💡

2つに分ける

①まん中を切る

4つに分ける

②むきをかえて
おなじように
まん中を切る

4つおなじ
大きさだ！

[答え]

さらに4つに分けた
まん中を切ると
8つに分けられるよ！

8つに分ける

8つに分けて
のこりの4つも
食べたーい☆

そういうけいさんは
はやいなー

われた食器 ①

われたところを
よーく
見よう！

カップがわれちゃっ
たよ。どれをくっつ
けると、もとどおり
になるかな？

◀ 答え 84 ページ

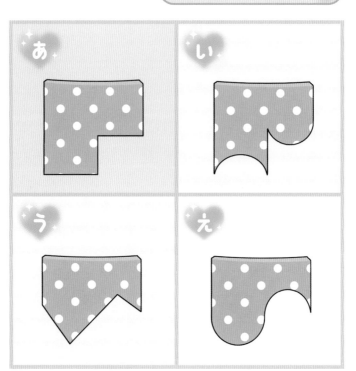

あ

い

う

え

数・量

図形

プログラミング

めいろ

われた食器 ②

グラスがわれちゃっ
たよ。どれをくっつ
けると、もとどおり
になるかな？

◀ 答え 84 ページ

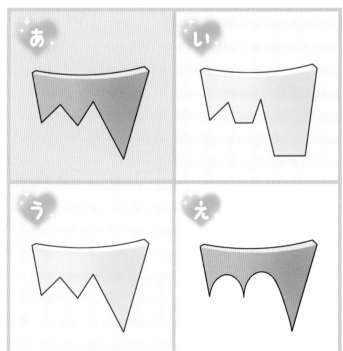

あ

い

う

え

数・量

図形

プログラミング

めいろ

読解力　発想力　整理力　空間認識力

【おうちの方へ】もとに戻すために、色、形、模様をじっくり観察することは、図形の認識力を鍛えます。お菓子の箱やチラシなどをちぎって、つなぎ直す遊びもおすすめです。ぜひ試してみてください。

[39 の答え]

う

[38 の答え]

え

38

ガッシャーン！

あーっ
お気に入りの
マグカップが！

かたちをよーく見て
はへんをさがして

手を切らないように
気をつけてね

右がとがっていて

左がまるっぽい…

とがって
いる

まるい

これだ！

金つぎで
直しましょう

金つぎ？

むかしの人のちえよ
うるしでくっつけて
金でしあげるのよ

すごーい！

84

われた食器 チャレンジ 3

どんぶりがわれちゃ
ったよ。どれをくっ
つけると、もとどお
りになるかな？

◀答え116ページ

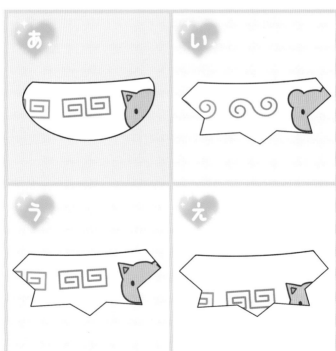

あ　　　　　い

う　　　　　え

数・量

図形

プログラミング

めいろ

読解力　　集中力　　整理力　　空間認識力

エプロンのひもがあるよ。いちばん
長<small>なが</small>いひもは、**あ** 〜 **う** のどれかな？

い

あ

う

◀ 答え 88 ページ

数・量

図形

プログラミング

めいろ

42 レベル ★☆☆☆☆

\ ものしり /
料理するときは
エプロンと三角巾で
せいけつに！

エプロンのひも ②

エプロンのひもがあるよ。いちばん
長いひもは、 **あ** 〜 **う** のどれかな？

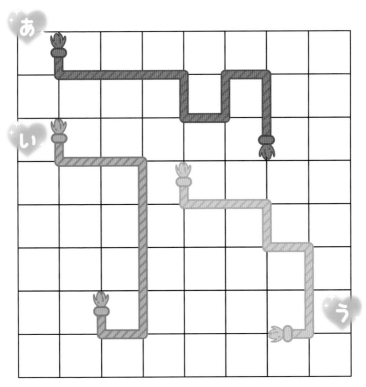

◀ 答え 88 ページ

87

読解力　　発想力　　整理力　　空間認識力

数・量

図形

プログラミング

めいろ

41〜42 答え

[42 の答え]

あ

あ
10マス

い
9マス

う
8マス

[41 の答え]

う

い 8マス

あ
7マス

う
9マス

41

ものさし
ものさし

長さなのに？

え？

ものさしを
つかわなくても
わかるでピ！

1マスの
長さはおなじ

そうか！
マス目を
かぞえれば
いいんだね！

多いのは
これだ！
9マス！

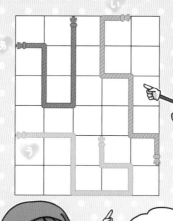

1マスの
長さをはかれば
何cmかも出せるね

88

43 レベル ★★☆☆☆

エプロンのひも ③

ひもが
1本ふえたね！
何色がふえた？
◀答え319ページ

エプロンのひもがあるよ。いちばん
長いひもは、**あ**〜**え**のどれかな？

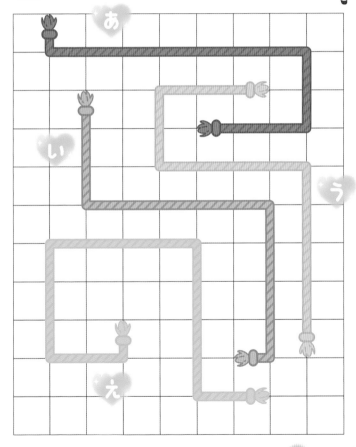

数・量
図形
プログラミング
めいろ

発想力

メニューは何？①

ならび方の
きまりを
見つけよう！

料理があるきまりでならんでいるよ。
? に入るメニューは何かな？

◀ 答え 92 ページ

読解力　　発想力　　整理力　　空間認識力

90

メニューは何? 2

45 レベル ★★☆☆☆

\ものしり/
ピザとスパゲッティは
イタリアの料理でピ!

料理があるきまりでならんでいるよ。
? に入るメニューは何かな?

◀ 答え 92 ページ

読解力　発想力　論理力　空間認識力

【おうちの方へ】きまりを発見する力を養う問題です。じっくり観察してから発想することが大切です。わからないようなら、ならび方をおうちの方も一緒になって考えてみましょう。

[45の答え]
スパゲッティ

[44の答え]
ハンバーグ

45

これはかんたーん！？に入るのはイタリア料理！

そうじゃなくって！

たしかにどちらもイタリアのお料理だけど

ピザ1回スパゲッティ2回をくりかえしているから

スパゲッティ！

そういうことね！むずかしく考えちゃった

えへへ

じゃあ、20番目は何になるかわかる？

20番目？？？

えーっ

みんなも考えてみてピ！

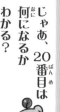

92

おすしの
ごはんを
何ていう？
答え319ページ

おすしがあるきまりでならんでいるよ。
❓ に入るメニューは何かな？

▶答え116ページ

読解力　発想力　○○力　空間認識力

10円のかたまり ①

となりあった食べものの
ねだんをたすと、
ぴったり10円になる
かたまりをさがそう。

れい

たしざんをして10円に
なるかたまりに線をひく。

| 2円 | 5円 | 5円 | —10円 |
| 4円 | 3円 | 1円 |

10円—

3円	4円	5円
5円	2円	1円

答え 96 ページ

読解力　発想力　整理力　空間認識力

数・量

図形

プログラミング

めいろ

94

10円のかたまり ②

ぜんぶの料理に
つかわれている
食材はなーんだ？
◀ 答え319ページ

となりあった食べものの
ねだんをたすと、
ぴったり10円になる
かたまりをさがそう。

れい

たしざんをして10円に
なるかたまりに線をひく。

2円	5円	5円
4円	3円	1円

10円 — 10円

2円 6円 4円

4円 2円 3円

5円 1円 3円

◀ 答え 96 ページ

読解力 発想力 整理力 空間認識力

47〜48 答え

[48 の答え]

2円	6円	4円
4円	2円	3円
5円	1円	3円

[47 の答え]

| 3円 | 4円 | 5円 |
| 5円 | 2円 | 1円 |

48

どちらも10円になるけど…

こっちだとほかの10円のかたまりは？

ここか

ここ

かこめないものができちゃう

じゃあこっちかな

ぜんぶつかえた！

やったでピ！

すうじをかさねてつかえるばあいは

5つのブロックぜーんぶせいかいだ！

96

10円のかたまり ③

チャレンジ

となりあった食べものの
ねだんをたすと、
ぴったり10円になる
かたまりをさがそう。

れい

たしざんをして10円に
なるかたまりに線をひく。

| 2円 | 5円 | 5円 |
| 4円 | 3円 | 1円 |

10円　10円

1円	4円	5円	1円
3円	6円	3円	2円
3円	5円	2円	5円

◀ 答え116ページ

97　読解力　発想力　論理力　空間認識力

どうやって料理する？

どうやって料理すると作りやすいのかな？　食材とできあがりの絵を見て、**あ**、**い** どちらの作り方がよいか、えらんでね。

切りやすさ、できあがりのきれいさなど、作りやすいじゅんばんをそうぞうしてみるでピ！

~❦ こん立て ❦~

・ごはん
・魚のしおやき
・ほうれん草のおひたし
・にんじんのみそしる

 50 魚のしおやき

【食材】
魚

あ → まるごとやいてから切る

い → 切ってからやく

できあがり

やいてからきれいに切れるかな？

ほうれん草のおひたし

【食材】
ほうれん草

あ たばのまま
ゆでてから切る

い 切ってから
ゆでる

できあがり

切り口が
きれいにそろって
いるね

52

にんじんのみそしる

【食材】
にんじん

あ よこにうすく切
ってから、1ま
いずつ4とうぶ
んに切る

い たてに4つに切
ってから、2つ
まとめてはしか
らうすく切る

できあがり

切るかいすうは
おなじかな？

どんなかたち？ ①

あれ？
おかしな切り口が
まじってるでビ！

ピーマン、タマネギをたてに切ると、
だんめんはどんなかたちになるか、
しっているかな？

ピーマン	あ	い	う

タマネギ	あ	い	う

◀ 答え102ページ

読解力　　　　論理力　　　空間認識力

数・量

図形

プログラミング

めいろ

イチゴは
①やさい ②くだもの
どっち？
◀答え319ページ

54 レベル ★☆☆☆☆

どんなかたち？ ②

イチゴ、レモンをたてに切ると、
だんめんはどんなかたちになるか、
しっているかな？

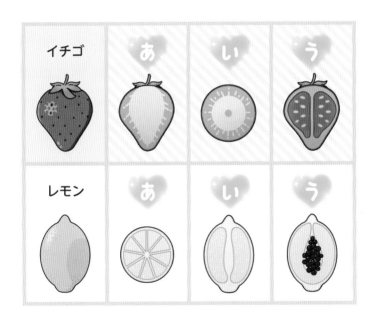

イチゴ　あ　い　う

レモン　あ　い　う

◀答え102ページ

【おうちの方へ】知識と生活力を問う問題です。野菜や果物を実際に切ってみて、確かめてみるといいですね。料理の体験は形を意識するきっかけにもなります。

53〜54 答え

[54の答え]	[53の答え]
イチゴ　　レモン	ピーマン　　タマネギ
あ　　い	う　　い

54

これはわたしのとくいぶんやですね

やあ！

わっ　理科の彩園先生！

バァーンッ

これはトマトみたいです

あとはどちらもイチゴですよね

そのとおり！

そこまでわかればあとはかたちをよーく見て！

たてに切ったのはたて長のコレです

せいかい！

料理のときや食事のときに切り口をかんさつするとおもしろいぞー

じーっ

102

どんなかたち？ 3

じっさいに
切ってみるのも
いいね！

キウイフルーツ、ミカン、リンゴを
よこに切ると、だんめんはどんなかたちになるか、
しっているかな？

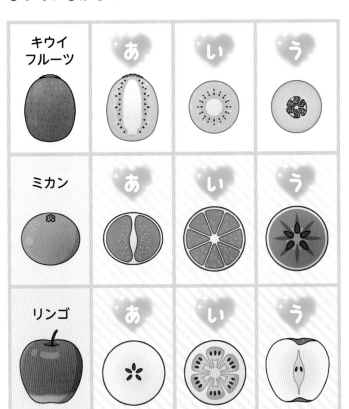

キウイフルーツ	あ	い	う
ミカン	あ	い	う
リンゴ	あ	い	う

◀ 答え116ページ

数・量
図形
プログラミング
めいろ

103

読解力　考える力　整理力　空間認識力

切ったらいくつ？ ①

パンを点線のしるしで切ると、
いくつにわかれる？

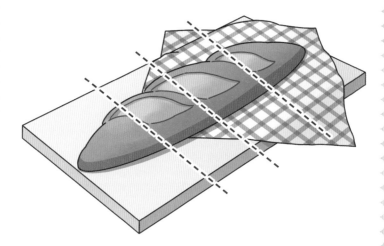

あ　5つ

い　4つ

う　3つ

\ものしり/
これはフランスの
パンでバゲット
というのよ

◀ 答え106ページ

57 切ったらいくつ？ ②

レベル ★☆☆☆☆

ロールケーキを点線のしるしで切ると、
いくつにわかれる？

あ **6つ**

い **5つ**

う **4つ**

Q ロールケーキは
どこの国で
生まれたかな？
◀ 答え319ページ

▶ 答え106ページ

数・量

図形

きまり発見

プログラミング

めいろ

読解力 空間力 空間認識力

105

[57 の答え]
あ 6つ

[56 の答え]
い 4つ

あることに気がつかない？

3かしょ切ると4つになる

2かしょ切ると3つになる

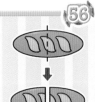

パンを1かしょ切ると2つになる

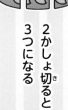

1が2になって2が3になる──

わかった！ほうちょうで切ると1つふえるんだ

つまり"切った数＋1"になるんだ

ほうちょういがいでもそうなるけどね

チョキッ

わーい

はいどうぞ！

キュッ

58 レベル ★★☆☆☆
切ったらいくつ？ チャレンジ 3

ベーグルをはんぶんのあつさに切ってから、
点線のしるしで切るといくつにわかれる？

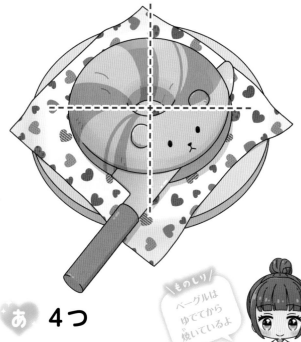

あ 4つ

い 6つ

う 8つ

\ものしり/
ベーグルは
ゆでてから
焼いているよ

▶答え116ページ

数・量

図形

きまり発見

プログラミング

めいろ

107

読解力　　論理力　　集中力　　空間認識力

59 レベル ★☆☆☆☆

できあがりは？ ①

レシピにかいてあるじゅんばんで、ハンバーガーを作ったよ。どんなふうにできるかな？

～ レシピ ～

1 パンをおく
2 レタスをおく
3 ハンバーグをおく
4 パンをおく

あ

― パン
― レタス
― ハンバーグ
― パン

\ものしり/
ハンバーガーの
パンはバンズと
よばれているよ

い

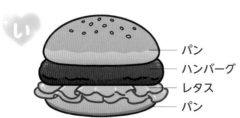

― パン
― ハンバーグ
― レタス
― パン

◀ 答え110ページ

読解力

38～41ページもよんでみてね

できあがりは？ 2

レシピにかいてあるじゅんばんで、ハンバーガーを作ったよ。どんなふうにできるかな？

~ レシピ ~

1 パンをおく 　　4 ベーコンをおく
2 レタスをおく 　　5 パンをおく
3 ハンバーグをおく

あ
- パン
- レタス
- ハンバーグ
- ベーコン
- パン

い
- パン
- レタス
- ベーコン
- ハンバーグ
- パン

う
- パン
- ベーコン
- ハンバーグ
- レタス
- パン

◀ 答え110ページ

【おうちの方へ】順番を考えることが、プログラミング的思考力を養います。材料を手順にそって組み合わせるという点で、料理とプログラミングには、共通点があると言えそうです。

59〜60 答え

できあがりは？ チャレンジ 3

レシピにかいてあるじゅんばんで、ハンバーガーを作ったよ。どんなふうにできるかな？

―❀ レシピ ❀―

1 パンをおく　　4 チーズをおく

2 レタスをおく　　5 トマトをおく

3 ハンバーグをおく　　6 パンをおく

あ

パン
レタス
ハンバーグ
チーズ
トマト
パン

い

パン
トマト
チーズ
ハンバーグ
レタス
パン

う

パン
トマト
ハンバーグ
チーズ
レタス
パン

え

パン
レタス
チーズ
ハンバーグ
トマト
パン

◀ 答え116ページ

読解力　　整理力　　空間認識力

おかいもの ①

かうものに
しるしをつけると
よいかも！

ママにたのまれたものをカゴに入れて、
レジへすすんでね。ただし、いちど通った
ところやおきゃくさんがいるところは通れません。

魚、たまご、ジュースをかってきてね！

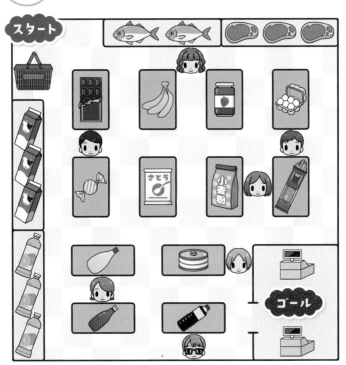

◀ 答え114ページ

読解力　発想力　整理力　空間認識力　112

63 レベル ★★

おかいもの 2

このページには食べものが何しゅるいある？ ◀答え319ページ

パパにたのまれたものをカゴに入れて、レジへすすんでね。ただし、いちど通ったところやおきゃくさんがいるところは通れません。

> キャンディ、トマトケチャップ、スパゲッティをかってきてね!

スタート

ゴール

◀答え114ページ

読解力　発想力

【おうちの方へ】このめいろの条件は「買うもの」で、「買う順番」は入っていないことに気がつくことが必要です。大人も一緒に悩みながら、ゴールを目指しましょう。

[63 の答え]

[62 の答え]

63

すずくん
このめいろとけた？

いっている
じゅんばんに
まどわされないことが
たいせつですね！

はい！

もんだいでは
じゅんばんをしてい
していないよね

じゅんばん
どおりに
まわろうとしたら

どうしても
まわれなくて
気がつきました—

まずはもんだいを
きちんと
よむことが
かんじんだよ！

じゅんばんどおりに
まわるもんだいも
あるからね

あ！ますね!!

114

おかいもの 3 チャレンジ

まよったら
もどって
みてね!

ママにたのまれたものをカゴに入れて、
レジへすすんでね。ただし、いちど通った
ところやおきゃくさんがいるところは通れません。

バナナ、おにく、ぎゅうにゅうをかってきてね!

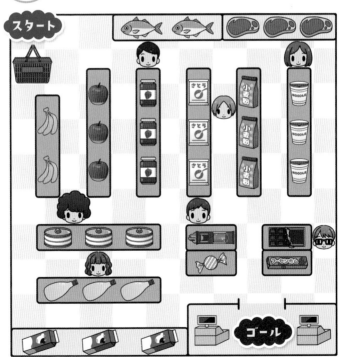

スタート

ゴール

◀ 答え116ページ

数・量

図形

プログラミング

めいろ

115

読解力　発想力　整理力　空間認識力

[103ページ 55]

キウイフルーツ　ミカン　リンゴ

い　　い　　あ

[107ページ 58]

う　8つ

[111ページ 61]

い

パン
トマト
チーズ
ハンバーグ
レタス
パン

[115ページ 64]

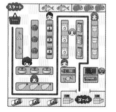

[85ページ 40]

う

[89ページ 43]

え

16マス

あ…13マス
い…13マス
う…14マス

[93ページ 46]

いくら　　　　　　　サーモン

[97ページ 49]

[98〜99ページ]

52

い

切るかいすうが少なく、うごきにもむだがない。

51

あ

たばのままゆでてから切ると、切り口がかんたんにきれいにそろう。

50

い

やいてから切るとみがくずれてしまう。1びずつ食べるときはあ。

パート3

ルンルン どうぶつパズル

どうぶつって、とってもこせいてきだよね♪
体やくらしのとくちょうを
よーく見てみよう！

どうぶつ園だ!

わぁぁぁ

園内ははん行動だぞ

小どうぶつランドでうさぎとふれあいたーい!

わたしカピバラさん見たーい!

さるから見ようよ!

どうぶつ園といったらパンダでしょ

じゃあ

じゃんけん…

ちょっとまって! 先生からミッション!

おなじ道を通らないようにひとふでがきでまわろう

どうまわる?

すべてのどうぶつを見てまわる道はどれ?
ただし、おなじ道を通らずに、ひとふでがきだよ!

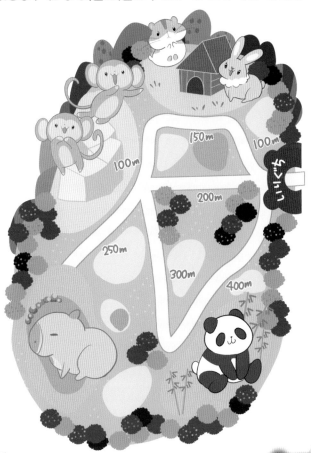

◀ 答え120ページ

読解力　発想力　整理力　空間認識力

先生なら
こんなかんじで
まわるかな

たしかに
その道じゅんも
あるなあ

わたしたちは
こう考えたけど…

まちがい？

ほかにも
あるでピ！
みんなも
考えてみて！

120

ねこが１ぴきうごいたよ。どのねこかな？
まるでかこんでね。

◀ 答え124ページ

数・量

図形

きまり発見

論理

データ

プログラミング

めいろ

67 うごいたのは？ 2

レベル ★★☆☆☆

\ものしり/
ペンギンは
とぶことの
できない鳥だよ

ペンギンが1羽うごいたよ。どのペンギンかな？
まるでかこんでね。

◀ 答え124ページ

数・量

図形

きまり発見

分類

データ

プログラミング

めいろ

読解力　発想力　整理力　空間認識力

【おうちの方へ】子どもは違いを見つけるのは大好きです。上下の絵を
じっくり観察して、違いに気づくことが大切ですので、時間がかかって
も見守ってあげてください。

[67 の答え]

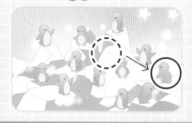

[66 の答え]

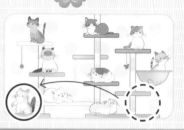

そこの
木のツバメ！

ばっ

え

だーるま
さんがー
こーろんだー

うごいたのは……

だるまさんがころんだも
このパズルも見る力や
うごきをとらえる力を
アップさせるんだ！

いっぱい
あそぶでピ☆

お絵かきやスポーツ
将来のしごとにも
やくだつ力だよ

124

68 うごいたのは？ 3

レベル ★★★☆☆

さるが２ひきうごいたよ。どのさるかな？
まるでかこんでね。

◀ 答え156ページ

数・量
図形
きまり発見
プログラミング
めいろ

読解力　発想力　整理力　空間認識力

69

レベル ★★☆☆☆

どうぶつめいろ ①

\ものしり/
オーストラリアに
すむいきもの
だよ

コアラ 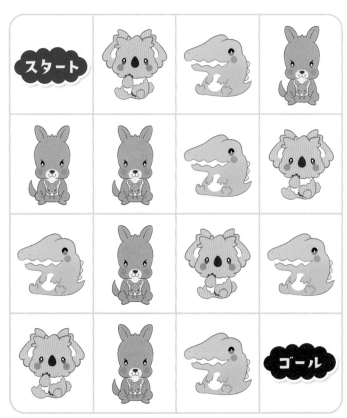 ➡ カンガルー ➡ ワニ の
じゅんにすすんで、ゴールしよう！
いちど通（とお）った道（みち）はすすめません。

◀ 答（こた）え128ページ

読解力　発想力　整理力　空間認識力

70 どうぶつめいろ ②

レベル ★★☆☆☆

この
いきものたちが
すんでいるのは？
◀答え319ページ

イルカ ➡ クジラ ➡ ジュゴン の
じゅんにすすんで、ゴールしよう！
いちど通った道はすすめません。

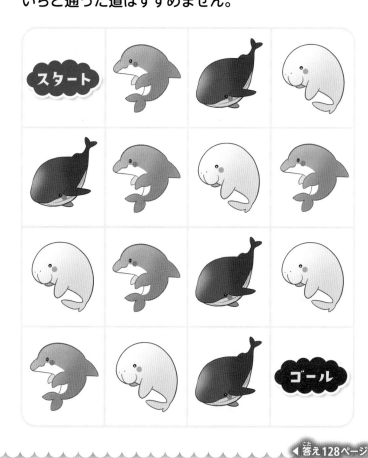

◀答え128ページ

読解力　発想力　整理力　空間認識力

127

【おうちの方へ】くり返す規則を間違えるとゴールまでたどりつけません。動物の名前を声に出しながら、楽しく取り組みましょう。少し先を見通しながら進むのがポイントです。

[**70** の答え]

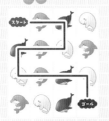

[**69** の答え]

69

おぼえていてくれたんだ

うれしい！

「あ！先生がまえに出してくれためいろ（33ページ）のどうぶつばんだ！

わかれ道までもどろう

すすむ、ダメならもどる、そしてまたすすむ。すなわち…

コアラ→カンガルー→ワニ…コアラ…あれ？もどってきちゃった！

…でも、かこのけいけんを生かせるのはすばらしいことだね！

それボクのきめゼリフ

試行錯誤！！！

いってみたかったんだ～

128

レベル ★★★☆☆

どうぶつめいろ 3

\ものしり/
うみ・りく・空の
いきもの
スピード No.1 ☆

バショウカジキ ➡ チーター ➡ ハヤブサ
のじゅんにすすんで、ゴールしよう！
いちど通った道はすすめません。

◀ 答え156ページ

数・量

図形

プログラミング

めいろ

129

読解力　発想力　整理力　空間認識力

おうちの
サイコロを
見てみよう！

どうぶつサイコロ ①

サイコロの目は、おもてとうらの目の数をたすと
「7」になっているよ。サイコロを下の図のように
つんだときに、女の子にはどう見えているかな？

サイコロの目のルール

	のはんたいがわは	

	のはんたいがわは	

	のはんたいがわは	

あ

い

◀ 答え132ページ

読解力　　整理力　　空間認識力

数・量

図形

きまり発見

プログラミング

めいろ

どうぶつサイコロ ②

\ものしり/
わたしは
ウーパールーパー。
イモリのなかまだよ

サイコロの目は、おもてとうらの目の数をたすと「7」になっているよ。サイコロを下の図のようにつんだときに、女の子にはどう見えているかな？

サイコロの目のルール

のはんたいがわは

のはんたいがわは

のはんたいがわは

あ

い

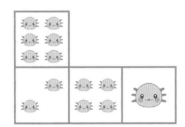

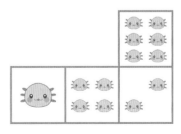

◀ 答え132ページ

読解力　発想力　整理力　空間認識力

[73 の答え]

い

[72 の答え]

あ

ややこしいなー

ちがう方向からの見え方を考えるのはじゅうようだよ

女の子からの見え方…

え？右がわのサイコロの4だよ？？？

ほらっ

たとえば……右がわのサイコロの4をとって！

あっ　ちがう

女の子からの見え方

あいてからの見え方を考えないときちんとつたわらないんだ

どうぶつサイコロ 3

サイコロの目は、おもてとうらの目の数をたすと「7」になっているよ。サイコロを下の図のようにつんだときに、女の子にはどう見えているかな?

サイコロの目のルール

あ　　　い　　　う

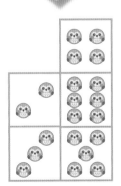

◀ 答え156ページ

読解力　整理力　空間認識力

にんじんが
何本か
チェック！

うさぎが２ひきいるよ。エサをおなじ数ずつ
くばると、みんな何本ずつもらえるかな？

にんじん

◀ 答え136ページ

数・量

図形

プログラミング

めいろ

読解力　　察知力　　整理力　　空間認識力

134

76

レベル ★★☆☆☆

\ものしり/
りすはほおに
食べものを入れて
はこぶよ

ごはんタイム ②

りすが3びきいるよ。エサをおなじ数ずつ
くばると、みんな何こずつもらえるかな？

くるみ

◀答え136ページ

読解力 　発想力 　整理力 　空間認識力

【おうちの方へ】大切なことは、量を正しく数えること。1つずつ配ったら？ 2つずつなら？…というように、配る操作を書き込みながら考えてみましょう。かけ算やわり算につながる大切な考え方です。

[76 の答え]

4こずつ

[75 の答え]

3本ずつ

75

わたしたち どうぶつの おせわがかりの

とくいぶんや だね！

まずだいじなのは ぜんぶでいくつかを かくにんすること！

うさぎは 2ひき

にんじんは 6本 だから

2本ずつだと 4本

3本ずつだと 6本！

4本　6本

じゃあ 分けるものが かぞえきれないくらい たくさんあるときは どうする？

それはね…

みんなら どうする？ おうちの人と はなしてみてピ！

さすがでピ！

136

ごはんタイム ③

チャレンジ

\ものしり/
ハムスターは、
エサをじょうずに
手でつかんで食べるよ

数・量

図形

ハムスターが6ぴきいるよ。エサをおなじ数ずつ
くばると、みんな何こずつもらえるかな？

ひまわりのたね

プログラミング

めいろ

▶答え156ページ

読解力　　　　　　　　整理力　　　空間認識力

137

78 いきものの足あとはどれかな？ 線でむすぼう！

何しゅるいのいきものが歩いているかな？

◀ 答え156ページ

絵あわせ ❶

まん中の太い線でおったときに、
絵がぴったりかさならないどうぶつはどれ？

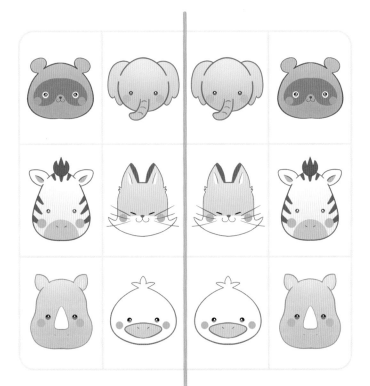

◀答え142ページ

読解力　　　整理力　　　空間認識力

深海にすんでいるよ。わたしはだ〜れだ？
◀答え319ページ

数・量

図形

まん中の太い線でおったときに、絵がぴったりかさならないうみにすむいきものはどれ？

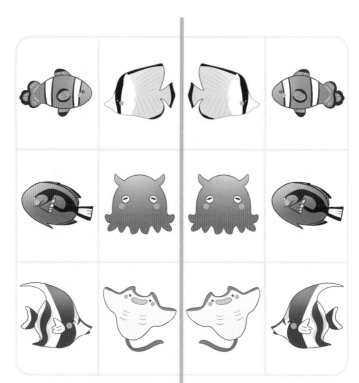

プログラミング

めいろ

◀答え142ページ

読解力　空想力　整理力　空間認識力

【おうちの方へ】向かい合っている図形が、真ん中の直線に対して同じ形であるか、線対称な図形に気づかせる問題です。理解をうながすために、対称軸の上に鏡をおいて確かめてみるのもよいでしょう。

80～81 答え

[81 の答え]

[80 の答え]

80 なんど見ても

じーっ

ぜんぶおなじ！

なんで〜？

右手のひらと左手のひらをあわせてみるでピ！

ぱっとひらいて！どうなった でピ？

まん中が小ゆびとなりがくすりゆび…そうか！まん中からぎゃくになるんだ！

おなじむきだとかさならない！

パァッッ！

なっ、なに!?

見方をかえる！それだいじ！

142

レベル ★★★☆☆

絵あわせ ③ チャレンジ

ものしり！
ダチョウはせかいで
いちばん大きな
とべない鳥だよ

数・量

図形

まん中の太い線でおったときに、
絵がぴったりかさならない
いきものはどれ？

プログラミング

めいろ

◀ 答え156ページ

読解力　　発想力　　整理力　　空間認識力

83

レベル ★★☆☆☆

おもさくらべ ①

この3びきが
とうじょうする
むかしばなしは？
◀答え319ページ

いぬ、さる、きじがシーソーにのったよ。

つぎに、きじとさるがシーソーにのったよ。

おもいじゅんにならんでいるのは、どっち？

あ
い

【1位】【2位】【3位】　【1位】【2位】【3位】

◀答え146ページ

読解力　発想力　整理力　空間認識力　144

レベル ★★☆☆☆

おもさくらべ 2

くま、ぶた、やぎがシーソーにのったよ。

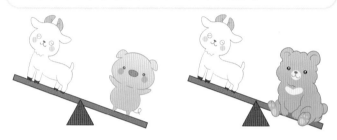

つぎに、くまとぶたがシーソーにのったよ。

おもいじゅんにならんでいるのは、どっち？

あ

い

【1位】 【2位】 【3位】

【1位】 【2位】 【3位】

◀ 答え146ページ

読解力　発想力　整理力　空間認識力

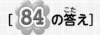

83～84の答え

[84の答え]	[83の答え]
あ	い

シーソーはおもい方がわかるからじゅんばんにおもさをくらべるとおもいじゅんがわかるんだね

よーし！やってみよう！

つぎはうさぎと

ちょっとまった！

❶ ねことうさぎをくらべる

ねこがおもい

❷ ねこといぬをくらべる

いぬがおもい

うさぎはねこよりかるいからもうじゅんばんは出たんじゃない？

たしかに！

3つをくらべるばあい2回でけっかがわかることもあるんだね！

146

このページの
どうぶつがとうじょう
するおはなしは？
◀ 答え319ページ

数・量

図形

色分け

論理

プログラミング

めいろ

ロバ、いぬ、ねこ、にわとりがシーソーにのったよ。

つぎに、いぬとねこがシーソーにのったよ。

おもいじゅんにならんでいるのは、どっち？

【1位】【2位】【3位】【4位】　　　【1位】【2位】【3位】【4位】

◀ 答え156ページ

読解力　　発想力　　整理力　　空間認識力

どうぶつつなぎ 1

れいを
よくみてね!

おなじどうぶつを、線でつないでね。ただし、線はまじわってはいけません。

れい
1本の線でつなぎます。

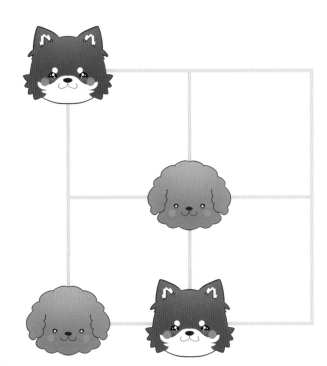

◀ 答え150ページ

読解力　発想力　整理力　全方位思考力

数・量

図形

きまり発見

プログラミング

めいろ

レベル ★★☆☆☆

どうぶつつなぎ ②

ハリネズミって、
ねずみかな？
◀答え319ページ

おなじどうぶつを、線でつないでね。ただし、線はまじわってはいけません。

れい
1本の線でつなぎます。

◀答え150ページ

読解力　発想力　整理力　空間認識力

【おうちの方へ】複数の対象物の経路を考える問題です。最初は線を交わらせていてもつなぐことができていたら認め、次にどのようにすれば交わらなくできるかと順を追って考えさせてみましょう。

86〜87 答え

[87 の答え]

[86 の答え]

87
どうぶつ
つなぎ

ド ド ド ド ド ド ド ド

て
う…そっ
あっちにもいる

ねずみがきた〜

われ
こっち！

こっちの道を通るしかないな！

さんぽのときみたいだ…

コッチ

150

88

レベル ★★★☆☆

どうぶつつなぎ チャレンジ 3

\ものしり/
ぜつめつが
しんぱいされている
いきものたちだよ

おなじどうぶつを、線で<ruby>せん<rt></rt></ruby>つないでね。ただし、線は<ruby>せん<rt></rt></ruby>まじわってはいけません。

れい

1本の線でつなぎます。<ruby>ぽん<rt></rt></ruby><ruby>せん<rt></rt></ruby>

◀ 答え156ページ<ruby>こた<rt></rt></ruby>

読解力　　発想力　　整理力　　空間認識力

鳥は、ぜんぶで何羽いるかな？
そのうち、とんでいない鳥は何羽かな？

鳥はぜんぶで	とんでいない鳥は
羽	羽

◀ 答え154ページ

読解力　整理力

数・量　図形　データ　プログラミング　めいろ

鳥ちょうさ ②

鳥は、ぜんぶで何羽いるかな？
鳥は何しゅるいかな？

鳥はぜんぶで	鳥のしゅるいは
羽	しゅるい

◀ 答え154ページ

読解力　　　　　整理力　　空間認識力

【おうちの方へ】AI社会では、データや情報を整理し活用する力が求められます。この問題は、かわいい絵を見ながらさまざまな角度でデータを整理します。整理して気づいたことを聞き出してあげてください。

[**90** の答え]		[**89** の答え]	
鳥はぜんぶで	鳥のしゅるいは	鳥はぜんぶで	とんでいない鳥は
10羽	**5**しゅるい	**8**羽	**6**羽

鳥の数、とんでいない鳥、鳥のしゅるい…鳥といってもいろいろなちゅうもくのしかたがあるんだ

おお!!

いいところに気がついたね

気になったことはある?

鳥ってこうして見るとけっこうとんでいないものですねー

たしかにそうだね

き・に・な・る?

その理由

しらべたくなってきた!

いいね!

154

91

レベル ★★★☆☆

鳥ちょうさ ③ チャレンジ

\ ものしり /
ダチョウのたまごは
世界でいちばん
大きいよ！

数・量

図形

データ

プログラミング

めいろ

鳥は、ぜんぶで何羽いるかな？
空をとべないどうぶつは何びきいるのかな？

鳥はぜんぶで	空をとべないどうぶつの数は
羽	ひき

◀ 答え156ページ

読解力　発想力　整理力　空間認識力

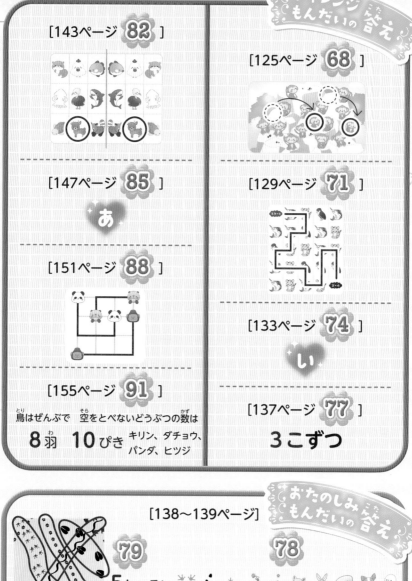

チャレンジもんだいの答え

[143ページ 82]

[147ページ 85]

あ

[151ページ 88]

[155ページ 91]

鳥はぜんぶで **8**羽　空をとべないどうぶつの数は **10**ぴき　キリン、ダチョウ、パンダ、ヒツジ

[125ページ 68]

[129ページ 71]

[133ページ 74]

い

[137ページ 77]

3こずつ

[138〜139ページ]

おたのしみもんだいの答え

79

5しゅるい
あひる、うし、かえる、ねこ、へび

78

パート4

ウキウキ
りょこう
パズル

いろいろな町や国に行ったきぶんが

あじわえる、パズルがいっぱいだよ！

たのしんじゃおう★

かさなるのはどれ？

下の国旗の中で、左右半分におると、もようがぴったりかさなるのはどれ？ ぜんぶ答えてね。

とつぜんですが

クエスチョン！

日本

イギリス

エジプト

ブラジル

ツバル

カナダ

◀ 答え160ページ

読解力　発想力　推理力　空間認識力

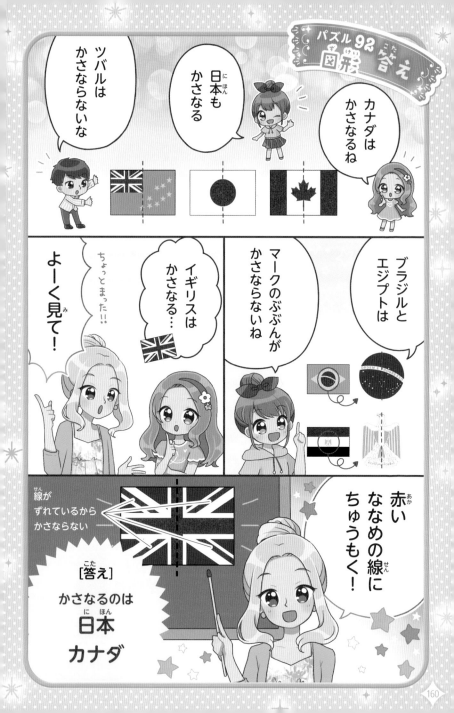

ツバルは
かさならないな

日本も
かさなる

カナダは
かさなるね

ちょっとまった!!

よーく見て!

イギリスは
かさなる…

マークのぶぶんが
かさならないね

ブラジルと
エジプトは

赤い
ななめの線に
ちゅうもく!

線が
ずれているから
かさならない

[答え]

かさなるのは
日本
カナダ

160

93 レベル ★★☆☆☆

まちあわせ ①

どれくらい
ぬれたでピ？

かいだんをのぼったりおりたりして、
まちあわせばしょをめざしてね！
人がいるところは通れません。

ゴール

スタート

◀ 答え164ページ

読解力　発想力　整理力　空間認識力

数・量　図形　プログラミング　めいろ

まちあわせ ②

かいがらは
いくつあるかしら？
◀答え319ページ

かいだんをのぼったり
おりたりして、まちあわせ
ばしょをめざしてね！
ものがあるところは
通れません。

ゴール

スタート

◀答え164ページ

読解力　発想力　整理力　空間認識力

【おうちの方へ】階段や橋などによる立体の動きを想像するので、空間認識力が養われます。立体的な見取り図に慣れていないときは、説明しながら指で示してあげてもよいでしょう。

[94の答え]

ゴール
スタート

[93の答え]

ゴール
スタート

94

あれ？
行きどまり!?

ここは
はしの下だから
通れるよ

やった〜♪
ゴール！

さっき通ったのは
下だからＯＫ！

ここ
もう1回
通っていいのかな？

？

わたしの国
ギリシャのうみも
見てほしいな
青いうみと空
白いたてものの…
すごくうつくしいの

わたしも
およぎたいなー

きれーい!!

わぁっ

164

まちあわせ 3

かいだんをのぼったりおりたりして、
まちあわせばしょをめざしてね！
いえや木は通りぬけできません。

スタート

ゴール

読解力　　整理力　空間認識力

どんなならび？①

お父さん、お母さん、みかちゃんが新幹線の
ざせきにすわっています。みかちゃんのせきの
いちを **あ ～ う** からえらんでね。

ヒント1	お父さんはまどぎわのせきです。
ヒント2	お父さんのとなりがお母さんのせきです。

◀答え168ページ

どんなならび？ ②

お父さん、お母さん、お兄ちゃん、けいちゃんが
むかい合ってすわっています。けいちゃんの
せきのいちを あ〜え からえらんでね。

ヒント 1	お母さんのななめむかいはお兄ちゃん。
ヒント 2	けいちゃんのまえはお母さん。
ヒント 3	お兄ちゃんは絵からいちばんとおいせき。

◀ 答え168ページ

読解力　発想力　整理力　空間認識力

167

【おうちの方へ】ヒントの文章を正しく読む読解力が求められます。いくつかの組み合わせの中から、論理的に考えることが必要です。確定した席に名前を書き込んでいくといいですね。

96 ～ 97 答え

[97 の答え]

あ

[96 の答え]

う

96

このもんだい すいりみたいで おもしろいね♪

たんていに なったきぶん!

「通路がわです」っていえばよくない?

たしかに……のったことがない人もいるよね

ここが通路だとわからない人がいるかも

…けどゆなのいうように ほかのせつめいの しかたもありそう!

みんないろいろ考えてすごいなー

絵をつかって

もんだいを作ってみるのもたのしいぞ!

じ～ん

168

98

レベル ★★★★☆

\ものしり /
英語では
ローラー コースター
roller coaster
というよ!

どんなならび？ 3

チャレンジ

すず、ゆな、アイカ、かほの 4 人が
ジェットコースターにのりました。ゆなの
コースターのいちを あ ～ え からえらんでね。

ヒント 1	アイカはせんとうにのっています。
ヒント 2	かほのうしろにはだれものっていません。
ヒント 3	ゆなのうしろがすずです。

あ　い　う　え

◀ 答え196ページ

数・量

思考

論理

プログラミング

めいろ

169

読解力　　　思考力　　　整理力　　　空間認識力

あてはまるのは？ ①

しゃしんと
ピースをよく
見くらべて！

しゃしんにあてはまるピースを
あ ～ **え** からえらんでね。

あ 　 **い** 　 **う** 　 **え**

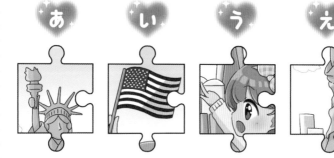

▶ 答え172ページ

数・量

図形

きまり発見

プログラミング

めいろ

読解力　整理力　空間認識力

これは
どこの国かな？
ヒントはどうぶつ♪
◀答え319ページ

あてはまるのは？ ❷

しゃしんにあてはまるピースを
あ〜**え**からえらんでね。

◀答え172ページ

読解力　発想力　整理力　空間認識力

[100の答え]

う

[99の答え]

え

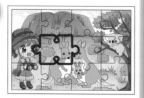

99

ジグソーパズルね♪

ママもだいすき♪

見当？

コツはね見当をつけるの

ここかな？

ジグソーは英語で"糸のこ"のこと！

木のいたを糸のこで切って作られたのがはじまりよ

ぞう？

見えるところから考えると

何かのぞうの顔と体が入りそうよね

これとこれかな？

これとこれかな？

ぞうっぽいのは…

体もあるのは…

これだ！

ママ、ありがとー！！

172

あてはまるのは？

チャレンジ **3**

Q これは
どこの国かな？
ヒントはチューリップ♪
◀ 答え319ページ

しゃしんにあてはまるピースを
あ ～ **か** からえらんでね。

あ

い

う

え

お

か

◀ 答え196ページ

読解力　　空間認識力

バスには何人？ ①

この町は
どこの国かな？
ヒントはママが
生まれた国
答え319ページ

A のバスていからバスが出発し、B、C の
バスていで人がのったりおりたりします。C の
バスていでは、バスにのっているのは何人かな？

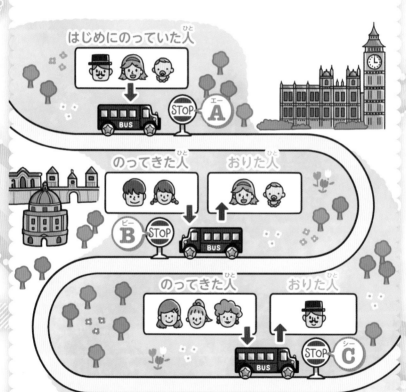

はじめにのっていた人

STOP
A

のってきた人　　　おりた人

B STOP

のってきた人　　　おりた人

STOP
C

数・量

図形

プログラミング

めいろ

答え176ページ

けいさん
まちがいに
ちゅういでピ！

バスには何人？ ❷

$\overset{エー}{A}$ のバスていからバスが出発し、$\overset{ビー}{B}$、$\overset{シー}{C}$ の
バスていで人がのったりおりたりします。$\overset{シー}{C}$ の
バスていでは、バスにのっているのは何人かな？

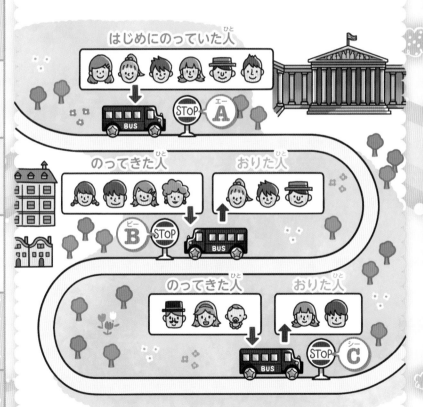

はじめにのっていた人

のってきた人　　　おりた人

$\overset{ビー}{B}$　STOP

のってきた人　　　おりた人

$\overset{シー}{C}$　STOP

◀ 答え176ページ

読解力　　発想力　　整理力　　空間認識力

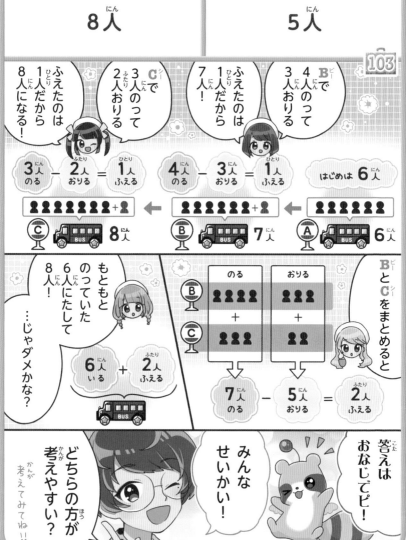

[103の答え]

8人

[102の答え]

5人

103

ふえたのは1人だから8人になる！

Cで3人のって2人おりる

ふえたのは1人だから7人！

Bで4人のって3人おりる

3人のる − 2人おりる = 1人ふえる

4人のる − 3人おりる = 1人ふえる

はじめは6人

👤👤👤👤👤👤👤+👤 ← 👤👤👤👤👤👤👤+👤 ← 👤👤👤👤👤👤

C 🚌 BUS 8人　　B 🚌 BUS 7人　　A 🚌 BUS 6人

もともとのっていた6人にたして8人！

…じゃダメかな？

6人いる + 2人ふえる

🚌 BUS

	のる	おりる
B	👤👤👤👤	👤👤👤
	+	+
C	👤👤	👤👤

BとCをまとめると

7人のる − 5人おりる = 2人ふえる

どちらの方が考えやすい？

考えてみてね!!

みんなせいかい！

答えはおなじでピ！

176

レベル ★★★

バスには何人？ 3

チャレンジ

\ものしり/
バスていは
英語で
bus stop よ

A のバスていからバスが出発し、**B**、**C** の
バスていで人がのったりおりたりします。**C** の
バスていでは、バスにのっているのは何人かな？

はじめにのっていた人

STOP **A**

のってきた人　　　　　　　おりた人

B STOP

のってきた人　　　　　　　おりた人

STOP **C**

◀ 答え196ページ

数・量

図形

プログラミング

めいろ

177

読解力　　　整理力　　　空間認識力

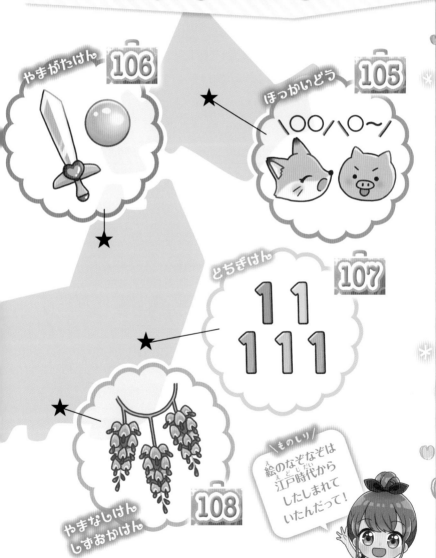

やまがたけん **106**

ほっかいどう **105**

とちぎけん **107**

やまなしけん
しずおかけん **108**

ものしり

絵のなぞなぞは
江戸時代から
したしまれて
いたんだって！

178

やっと
わたしの
出番ですね

絵のなぞなぞだよ。
何をあらわしているかわかるかな？
都道府県をだいひょうするもの
ばかりだよ。

111 かがわけん

しすせそ

ヒント！
しっぽをべつの
いい方でいうと？

109 ひょうごけん

112

す

くまもとけん

110

きたよ

ま

あいちけん

◀ 答え196ページ

179

ピラミッドパズル ①

下のだんを よ～く見る でピ！

ルールをよんで、あいているマスに
⭐か♥のきごうをかこう。

| | 下のだんにおなじきごうがならんでいるとき、上のだんには⭐が入る。 | | 下のだんにちがうきごうがならんでいるとき、上のだんには♥が入る。 |

読解力　発想力　整理力　空間認識力

180

114 レベル ★★☆☆☆

Q ピラミッドがあるのはどこの国？ ◀答え319ページ

ピラミッドパズル ②

ルールをよんで、あいているマスに☆か♥のきごうをかこう。

ルール

 下のだんにおなじきごうがならんでいるとき、上のだんには☆が入る。

 下のだんにちがうきごうがならんでいるとき、上のだんには♥が入る。

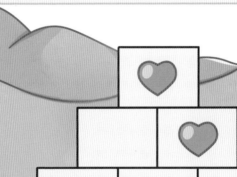

スフィンクス

◀答え182ページ

読解力　発想力　整理力　空間認識力

115

レベル ★★★☆☆

ピラミッドパズル ③

ルールをよんで、あいているマスに
⭐か🤍のきごうをかこう。

ルール

 下のだんにおなじ
きごうがならんで
いるとき、上のだ
んには⭐が入る。

 下のだんにちがう
きごうがならんで
いるとき、上のだ
んには🤍が入る。

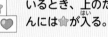

1つの石のおもさ
だいたい2.5トン

◀答え196ページ

読解力　発想力　整理力　空間認識力

数・量　図形　論理　プログラミング　めいろ

183

116

島むすび ①

島と島を線でむすんで、正方形を作ろう！

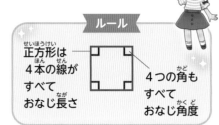

ルール

正方形は
4本の線が
すべて
おなじ長さ

4つの角も
すべて
おなじ角度

正方形は
ましかくとも
いうよ！

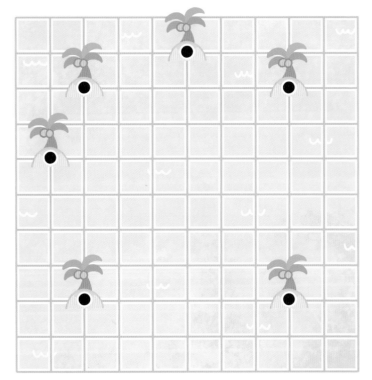

◀答え186ページ

読解力　　　整理力　　空間認識力

数・量

図形

プログラミング

めいろ

184

117

レベル ★★☆☆☆

島むすび ②

日本にある
島の数は？

❶ 600 くらい

❷ 6800 くらい

◀ 答え319ページ

数・量

図形

プログラミング

めいろ

島と島を線でむす
んで、正方形を作
ろう！

ルール

正方形は
4本の線が
すべて
おなじ長さ

4つの角も
すべて
おなじ角度

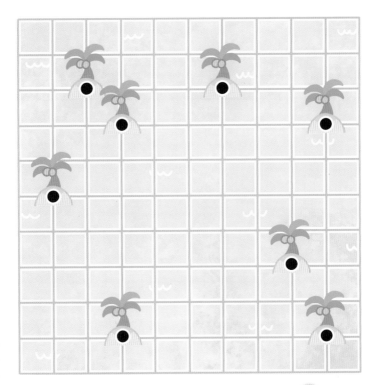

◀ 答え186ページ

読解力　　発想力　　処理力　　空間認識力

【おうちの方へ】❸のチャレンジ問題は正方形の向きが変わります。答え合わせのとき、マス目によって「直角の半分＋直角の半分＝直角」の説明がつくことを話してあげましょう。

116〜117 答え

[**117** の答え]

[**116** の答え]

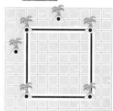

116

正方形といえばおりがみだよね！

しってる！わたしの国でも人気だよ！

おりがみのかたちをイメージするのはお手のものよ！

これだー!!

おーっはやい！

さすがです☆

はいっプレゼント！

ツルだよ!!

ビューティフル!!

ワ〜〜!!

186

島むすび 3

レベル ★★★★☆

島と島を線でむすんで、正方形を作ろう！

ものしり！
島は英語で
アイランド
island
だね！

―― ルール ――

正方形は
4本の線が
すべて
おなじ長さ

4つの角も
すべて
おなじ角度

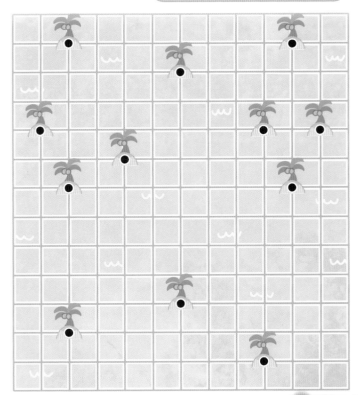

答え196ページ

読解力　発想力　整理力　空間認識力

数・量　図形　プログラミング　めいろ

何時かな？❶

時計を
見ながら
考えよう！

8時50分に出発して、もくてきちに
10分後にとうちゃくしました。いま、何時かな？
あ 〜 **う** からえらんでね。

あ

い

う

▶答え190ページ

数・量

図形

プログラミング

めいろ

レベル ★★☆☆☆

何時かな？ ②

1時間は
60分でピ☆

10時20分に出発して、もくてきちに
50分後にとうちゃくしました。いま、何時かな？
あ ～ **う** からえらんでね。

あ

い

う

◀答え190ページ

読解力　　　　　　　　　　論理力　　　　　空間認識力

【おうちの方へ】何時に出発して、何分後に到着したのか、この問題は正確に問題文を読み取ることが大切です。また、時計の計算では、60分でくり上がるということもおさえておきたいことです。

[120の答え] **い** 11時10分

[119の答え] **う** 9時

120

10時20分の50分後は何時何分?

10時20分に50分をたすと10時70分!

…

じょーだんですよ♪ 11時10分！だけど…

どっちの考え方がいい？

2 1時間後が11時20分

その10分まえ

1 40分後が11時

それにあと10分

10時70分もね！

どちらもいい考えだよ！

10：70
↓
70＝60＋10
くりあげ
11：10

60分が1時間だからくりあげて11時10分となるんだよ

190

何時かな？ 3

きかれて
いることが
かわったよ！

もくてきちまでは 40 分かかり、とうちゃくした
のは 12 時 30 分でした。出発したのは何時かな？
あ 〜 **う** からえらんでね。

あ

い

う

◀ 答え196ページ

読解力　　判断力　　論理力　　主体性向上

レベル ★☆☆☆☆

どうやって行く？ ①

1、2は
わかれ道だよ

えきからソフトクリームやさんに行くには、
道をどのようなじゅんにすすんだらいいかな？

あ 1 左にすすむ ➡ 2 右にすすむ

い 1 右にすすむ

う 1 左にすすむ ➡ 2 左にすすむ

◀ 答え194ページ

読解力

数・量

図形

プログラミング

めいろ

どうやって行く？ ②

右と左をまちがえると
べつのばしょに
ついちゃう！

えきからだんごやさんに行くには、
道をどのようなじゅんにすすんだらいいかな？

あ　すすむ ➡ 1 左にすすむ

い　すすむ ➡ 1 右にすすむ ➡ 2 左にすすむ

う　すすむ ➡ 1 右にすすむ ➡ 2 右にすすむ

◀ 答え194ページ

数・量

図形

プログラミング

めいろ

読解力　　整理力　　空間認識力

[123の答え]

い

[122の答え]

う

122

パスカルがまいごにならないようにしっかりプログラミングするんだよ

先生、コーデまちがえたよね（40ページ）

うわ〜っ!!

そうだったね〜

パ、パスカルどこに行きたい？

ソフトクリームやさん！

まかせて！

えーっと・・・

そして…

大せいこう！

プログラミング

1）1 左にすすむ

2）2 左にすすむ

3）マロンソフトを6こかう

194

どうやって行く？ 3

絵にまちがいが
1つあるよ。
ヒントは
292ページ
答え319ページ

えきからりょかんに行くには、
道をどのようなじゅんにすすんだらいいかな？
下の [   ] をうめよう！

すすむ ➡ [   ] ➡

2 右にすすむ ➡ [   ]

答え196ページ

読解力

[183ページ 115]

[187ページ 118]

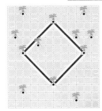

[191ページ 121]

い 11時50分

[195ページ 124]

すすむ ➡ **1 左にすすむ** ➡

2 右にすすむ ➡ **3 左にすすむ**

[165ページ 95]

[169ページ 98]

い

[173ページ 101]

お

[177ページ 104]

4人

[178～179ページ]

109 **おしろ** 「お（しっぽ）」が白い

110 **くるま** 「ま」がくる

111 **さぬきうどん** さしすせその「さ」をぬいたうどん

112 **スイカ** す＋いか

105 **こんぶ** きつねのなきごえ「コン」＋ぶたのなきごえ「ブー」

106 **けんだま** けん＋玉

107 **イチゴ** 「1（いち）」が5つ

108 **ふじさん** 「ふじの花」が3つ

196

パート5

ドキドキ
きもだめし
パズル

まじょやおばけ…のふしぎワールド☆
まどわされないように
ようちゅういだよ！

どこがいい？

　4つならんだ学校のトイレ。3番目のトイレには
花子さんが出るといううわさがあります。
花子さんが出なくて、入れるトイレを
あ〜**え** からえらんでね。

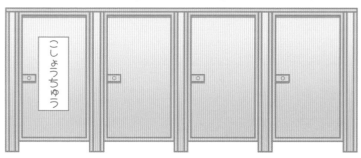

あ　　　**い**　　　**う**　　　**え**

こしょうちゅう

花子さんが
出ないのは
どこ？

◀ 答え201ページ

読解力　　発想力　　整理力　　空間認識力

おばけのかげ ❶

かたちをよ～く見くらべてくださいね

まどにかげがうつっているよ。
あ〜**う**のどれかな？

あ **い** **う**

◀答え204ページ

読解力　考える力　整理力　空間認識力

127

レベル ★★☆☆☆

おばけのかげ ②

コウモリは
とべるけれど
鳥なのかな？
◀答え319ページ

まどにかげがうつっているよ。
あ ～ **う** のどれかな？

あ

い

う

◀答え204ページ

数・量

図形

プログラミング

めいろ

203

読解力　　　想像力　　　整理力　　　空間認識力

【おうちの方へ】図形の空間認識力が求められる問題です。かげの形を観察し、図形の特徴をしっかりとらえることが大切です。お子さんに「どうしてわかったの？」とたずねてみてください。説明することでさらに力がつきます。

126～127 答え

[127 の答え]

い

[126 の答え]

う

ふふふ…

わたしは
だれで
しょう？

せいかい♪

かんたーん！

パスカル！

つぎの方
どうぞ！

およびで
しょうか

もう
シオン先生〜

ちがいます
よーく見て
ください

ふざけないで
早く出てきて
くださーい！

ご用で
しょうか？

だれっ!?

204

おばけのかげ 3

くつに
ちゅうもく!

まどにかげがうつっているよ。
あ 〜 う のどれかな?

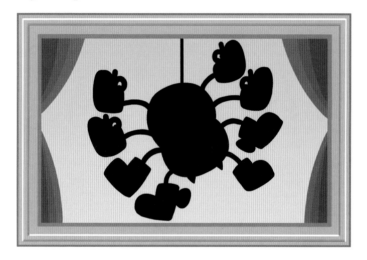

あ　　　　い　　　　う

◀ 答え236ページ

数・量
図形
プログラミング
めいろ

読解力　　観察力　　整理力　　空間認識力

まほうの本だな ①

れいをよく見てからやってみよう！

「まほうの本」が3さつ入るように、たて3マス、よこ3マスの四角でかこもう！

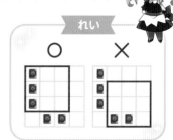

れい

○　　×

◀ 答え208ページ

数・量　図形　論理　プログラミング　めいろ

読解力　発想力　整理力　空間認識力

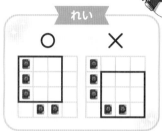

130 レベル ★★★☆☆

まほうの本だな ②

「まほうの本」が３さつ
入るように、たて３マス、
よこ３マスの四角で
かこもう！

本は英語では
ブック
book と
いいます

◀ 答え208ページ

数・量
図形
論理
プログラミング
めいろ

読解力　発想力　整理力　空間認識力

207

【おうちの方へ】問われていることを正しく理解し、注意深く地道に答えを探し出す問題なので、時間がかかっても構いません。試行錯誤しながら見つけることが重要です。

[130の答え]

[129の答え]

129

もうしおくれました

わたしはまじょさまにおつかえするものです

まじょさま本日のレッスンは

たてよこ3マスの四角で3さつの本をかこむのですよ

は〜い

かこむ方法はこの4パターンね

①

②

③

④

そのとおりでございます

答えはコレ！

②

おみごとです

ではこの3さつでまほうのべんきょうをしてください

こんなに〜！？

ずっし〜！

まほうの本だな 3

このページに本は何さつある？ ▶答え319ページ

「まほうの本」が4さつ
入るように、たて3マス、
よこ3マスの四角で
かこもう！

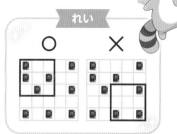

れい
○   ×

◀ 答え236ページ

読解力　発想力　整理力　空間認識力

まちがいブロック ①

上と下の２つの絵をくらべてみてね。

ちがっているところが１かしょあるよ。どこかな？

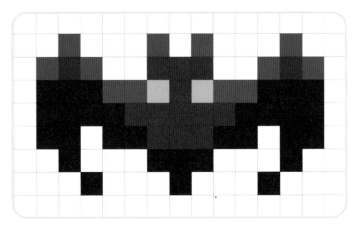

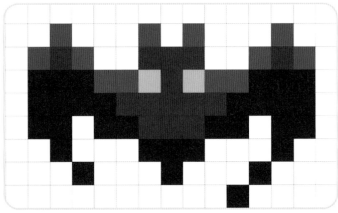

◀ 答え212ページ

読解力　　整理力　　空間認識力

数・量

図形

プログラミング

めいろ

まちがいブロック ②

この絵は なーんだ？ ◀答え319ページ

上と下の２つの絵をくらべてみてね。
ちがっているところが２かしょあるよ。どこかな？

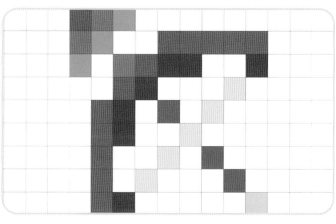

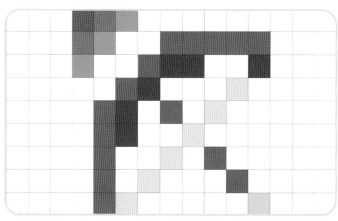

◀答え212ページ

数・量

図形

プログラミング

めいろ

読解力　発想力　整理力　空間認識力

【おうちの方へ】図形の空間認識力が求められる問題です。じっくり観察する力を養います。同系色のブロック絵のため、見つけにくいです。1つ1つ見くらべるようにアドバイスしましょう。

132〜133 答え

[133の答え]

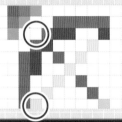

[132の答え]

132

まちがいさがしにひつようなのは"かんさつ力"だよ

かんさつ力…

ちがいに気づくというのはすごくダイジなことだよ

えーっ!?

本当にシオン先生ですよね?

先生は先生だけど…

やっぱりあれは見まちがいだったのかな?

ヲヲヲ…

先生のちがいに気づいた?

新しいシャツ!いいでしょ♪

なんでよ

や やっぱり…

212

まちがいブロック ③

チャレンジ

上と下の2つの絵をくらべてみてね。

ちがっているところが3かしょあるよ。どこかな？

◀答え236ページ

読解力　発想力　整理力　空間認識力

ワープは瞬間移動のことですよ

おなじ色のトンネルはワープできるよ！
スタートからゴールをめざしてね。

数・量

図形

プログラミング

めいろ

読解力　発想力　整理力　空間認識力

214

136 ★★★

ふしぎトンネル ②

おなじ色のトンネルはワープできるよ！
スタートからゴールをめざしてね。

スタート

ゴール

[**136** の答え]

[**135** の答え]

135

どっちにすんだらいいの？？

AIロボットのパスカルでピ

ゴールにたどりつくまでに通らなければいけないトンネルの見当をつける

ヒントはゴールにいちばん近いトンネルの色

ゴールまでまだまだあるのに？

っていうかだれ？

つまりぎゃくから考えるでピ！

ゴール→

なるほど！キミすごいね

エッヘン！

216

ふしぎトンネル ❸

このページで
いちばん多い
バラの色は？
◀答え319ページ

おなじ色のトンネルはワープできるよ！
スタートからゴールをめざしてね。

読解力　発想力　整理力　空間認識力

＼ おたのしみもんだい ♪
はん人はだれだ？

まじょのやかたで、なにやらじけんがあったみたい。
はんにんは絵の中にかならずいるよ。じけんぼをよくよみ、
絵をよく見て、だれがはん人かをすいりしてみよう！

138

じけんぼ 1

ぬすまれたカップケーキ

まじょがたのしみにしていたおやつのカップケーキがぬすまれた！ こうちゃがたおされてこぼれている。あやしい足あともはっけん！はん人をつかまえて！

ヒントは
138ページ
でピ！

139

じけんぼ 2
わられた花びん

外からとんできたボールでまじょの花びんがわれちゃった! ようぎしゃは、外であそんでいた、ミイラ男、フランケン、オオカミ男。いったいだれのしわざ?

140

じけんぼ 3
にげ出した白へび

たいへん! まじょがかっている白へびがにげ出した! ちかくには、ドラキュラとデビル。へびのへやのかぎをあけたのは、いったいだれ!? 白へびもさがしだして!

◀ 答え236ページ

ビームを線でかきながら考えるでピ☆

火の玉けし ❶

まじょのビームで火の玉をけそう。ぜんぶの火の玉がきえるのは、**あ**、**い**、どのじゅんかな。

◀ 答え222ページ

数・量

図形

プログラミング

めいろ

火の玉けし ②

まじょのビームで火の玉をけそう。ぜんぶの火の玉がきえるのは、 **あ** ～ **う** 、どのじゅんかな。

＊ビームはまっすぐ出る。
＊赤ビームは赤い火の玉をけせる。
＊青ビームは青い火の玉をけせる。
＊ビームはちがう色の火の玉を通りぬけることができない。

◀ 答え222ページ

読解力　発想力　整理力　空間認識力

【おうちの方へ】手順を間違えると、すべての火の玉を消すことができません。目的を実現するための手順を考える、プログラミング的思考を養う問題です。ビームが出るまっすぐの線も意識しましょう。

141～142 答え

[142の答え]

う → あ → い

[141の答え]

い → あ

141

あのビームを先に出しちゃうと

青でとまってこの赤がけせないんだよね

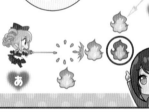

そのとおり！

いで先に青の火の玉をけせばここには何もなくなるから

あでぜんぶけせるんだ

お――っ

まほうの国では——

なんでもけせる七色のビームをかいはつ中

うむむ…

このパズルたのしい！

きれいにけせたときスッキリします！

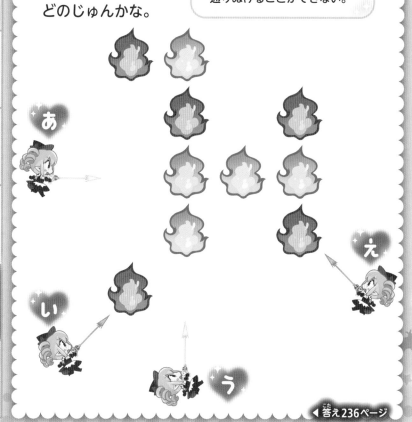

火の玉けし 3

もんだいを
つくってみると
おもしろいよ☆

まじょのビームで火の玉をけそう。ぜんぶの火の玉がきえるのは、**あ** ～ **え**、どのじゅんかな。

ルール
* ビームはまっすぐ出る。
* 赤ビームは赤い火の玉をけせる。
* 青ビームは青い火の玉をけせる。
* ビームはちがう色の火の玉を通りぬけることができない。

あ
え
い
う

答え236ページ

読解力　発想力　整理力　空間認識力

おばけたいせん ①

どうすると
わかりやすい
かな？

おばけの力くらべ大会だよ。かちは3点、
引き分けは1点、まけは0点です。ゆうしょうした
おばけはだれかな？　何点だったのかも答えてね。

たいせんひょう			しょうはい
フランケン	たい	オオカミ男	フランケンの かち
ミイラ男	たい	オオカミ男	オオカミ男の かち
ミイラ男	たい	フランケン	引き分け

ゆうしょうしゃ	点数
	点

◀ 答え226ページ

読解力　　量力　　整理力　　空間認識力

224

数・量

図形

データ

プログラミング

めいろ

レベル ★★★☆☆

おばけたいせん ②

\ものしり/
3人とも
日本のようかい
でピね

おばけの力くらべ大会だよ。かちは3点、
引き分けは1点、まけは0点です。ゆうしょうした
おばけはだれかな？　何点だったのかも答えてね。

たいせんひょう			しょうはい
ろくろくび	たい	雪女	引き分け
雪女	たい	ざしきわらし	雪女の かち
ざしきわらし	たい	ろくろくび	ろくろくびの まけ

ゆうしょうしゃ	点数
	点

◀ 答え 226ページ

読解力　　発想力　　整理力　　空間認識力

【おうちの方へ】この問題はデータ、情報を整理する力を養います。えんぴつで点数を書きながら整理することを教えてあげましょう。点数を正確に計算するのも大事ですね。

144〜145 答え

[145 の答え]

雪女（ゆきおんな）／ 4点（てん）

[144 の答え]

フランケン／ 4点（てん）

145

ろくろくびは雪女（ゆきおんな）に引き分けで1点（てん）

ざしきわらしにまけて0点（てん）…

う〜ん

とく点（てん）はかいてせいりするといいぞ

こんなふうに…

わかりやすい！

	ろくろくび	雪女（ゆきおんな）	ざしきわらし	点数（てんすう）
ろくろくび		△1	×0	1
雪女（ゆきおんな）	△1		○3	4
ざしきわらし	○3	×0		3

たいせんひょう			しょうはい
△1 ろくろくび	たい	△1 雪女	引き分け
○3 雪女	たい	×0 ざしきわらし	雪女のかち
○3 ざしきわらし	たい	×0 ろくろくび	ろくろくびのまけ

ろくろくびはざしきわらしにはまけてるけどゆうしょうした雪女（ゆきおんな）に引き分けてるから…

よわいのかな？つよいのかな？

う〜ま〜ん

！？

226

おばけたいせん ③

G 何人でたたかったのでしょう？ ◀答え319ページ

おばけの力くらべ大会だよ。かちは3点、引き分けは1点、まけは0点です。ゆうしょうしたおばけはだれかな？ 何点だったのかも答えてね。

たいせんひょう			しょうはい
黒ネコ	たい	ドラキュラ	黒ネコのかち
まじょ	たい	デビル	引き分け
ドラキュラ	たい	デビル	ドラキュラのまけ
黒ネコ	たい	まじょ	まじょのまけ
まじょ	たい	ドラキュラ	まじょのかち
デビル	たい	黒ネコ	引き分け

ゆうしょうしゃ	点数
	点

◀答え236ページ

読解力　発想力　整理力　空間認識力

レベル ★★★☆☆

白黒チェンジ ①

色をよ～く見くらべて♪

白は黒に、黒は白にかわる、ふしぎなボードが
あります。どのようにかわるでしょうか？
あ と **い** 、どっちかな？

もとのボード

白黒
チェンジ！

あ

い

◀答え230ページ

読解力　　発想力　　整理力　　空間認識力

数・量

図形

きまり発見

プログラミング

めいろ

148

レベル ★★★☆☆

白黒チェンジ ②

ボードも
マークも
見てね！

白は黒に、黒は白にかわる、ふしぎなボードが
あります。どのようにかわるでしょうか？
あ と **い** 、どっちかな？

もとのボード

白黒
チェンジ！

あ

い

◀ 答え230ページ

229

読解力　　発想力　　論理力　　空間認識力

【おうちの方へ】空間認識力を養う問題です。形ではなく、色に注目します。見落としがないように注意深く解くことが大切です。マークとボードを分けて考えるとわかりやすいでしょう。

[148 の答え] あ

[147 の答え] い

白は黒に、黒は白にかわる、ふしぎなボードが
あります。どのようにかわるでしょうか？
あ と **い**、どっちかな？

もとのボード

白黒
チェンジ！

あ

い

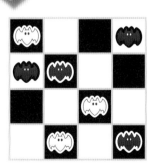

◀ 答え236ページ

読解力　発想力　整理力　空間認識力

おばけきょうそう 1

4人でかけっこをするよ。
いちばんはやいおばけはだれかな?

ネジまきガール　くまの人形　ブリキのおもちゃ　ピエロ

ヒント 1	ネジまきガールはくまの人形より まえを走っている。
ヒント 2	ピエロは2番目にはやい。
ヒント 3	ブリキのおもちゃのうしろには だれも走っていない。

◀ 答え234ページ

数・量

図形

論理

プログラミング

めいろ

読解力　　　　　　　整理力　　　　　　　

232

151

レベル ★★★☆☆

おばけきょうそう❷

もんだいも
きちんとよみ
ましょうね！

4人でかけっこをするよ。
2番目にはやいおばけはだれかな？

ひとつ目小僧　　カラスてんぐ　　カッパ　　ばけネコ

ヒント 1	ひとつ目小僧よりうしろを カラスてんぐが走っている。
ヒント 2	ばけネコは3番目にはやい。
ヒント 3	カッパのまえには だれも走っていない。

▶答え234ページ

読解力　　発想力　　整理力　　空間認識力

【おうちの方へ】ヒントを正しく読む力と、論理的な思考力が求められています。順番を確定できるものから文字などで書いていって、考えをまとめていけるといいですね。

[151 の答え]
ひとつ目小僧
【1位】カッパ　【2位】ひとつ目小僧
【3位】ばけネコ　【4位】カラスてんぐ

[150 の答え]
ネジまきガール
【1位】ネジまきガール　【2位】ピエロ
【3位】くまの人形　【4位】ブリキのおもちゃ

150

かくじつにじゅんいがわかるのは

ヒント2からピエロは2位

ヒント3からブリキのおもちゃがさいごの4位

のこっている2人は1位と3位で

ネジまきガールはくまの人形よりはやいわけだから

とうぜんでしてよ♪

いちばんはやいのはネジまきガール！

ゴール！

234

おばけきょうそう 3 チャレンジ

Q 中国のようかいはどれ？ ▶答え319ページ

5人でかけっこをするよ。
2番目にはやいおばけはだれかな？

ゾンビ　　キョンシー　　ガイコツ　　きのこおばけ　　モンスタースライム

ヒント 1	モンスタースライムが キョンシーよりまえを走っていて、 2人のあいだにはだれもいない。
ヒント 2	ガイコツはゾンビよりまえを 走っている。
ヒント 3	きのこおばけのうしろには だれも走っていない。
ヒント 4	ガイコツはせんとうではない。

▶答え236ページ

数・量
図形
論理
プログラミング
めいろ

読解力　　発想力　　整理力　　空間認識力

[223ページ **143**]

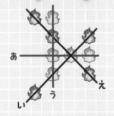

[227ページ **146**]

黒ネコ／7点

[231ページ **149**]

あ

[235ページ **152**]

キョンシー

【1位】モンスタースライム
【2位】キョンシー 【3位】ガイコツ
【4位】ゾンビ 【5位】きのこおばけ

[205ページ **128**]

う

[209ページ **131**]

[213ページ **134**]

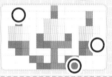

[217ページ **137**]

[218〜219ページ]

140 まじょ

まじょが「かぎ」をもっている。かけわすれたんだね。白ヘビはだんろの上。

139 オオカミ男

われたまどのあなの大きさから、はん人は野球をしていたオオカミ男だとわかる。

138 うさぎ

イスについているこうちゃ色の足あとがうさぎのものだから。

236

パート 6

ワクワク

めいずく
パズル

みんなが大すきなおはなしばかり♥
プリンセスのきぶんになって、
パズルをときましょう！

パズル 153 ▶▶ 論理

ならべかえて！

バラバラになってしまったかみしばいを
じゅんばんどおりにならべよう。

◀ 答え241ページ

読解力　発想力　整理力　空間認識力

あっ！
このかみしばい

えーっと
まずは・・・

みすぼらしいふくを
きせられたシンデレラは、
ぶとうかいに行くことができず
かなしみにくれていました。

とつぜん
ようせいがあらわれ
かぼちゃをばしゃに
ふくをドレスにかえました。

シンデレラはぶとうかいで
王子さまとおどりました。

王子さまから
たのまれたけらいは
ガラスのくつがはける
むすめを見つけました。

まほうがとける
時間がちかづき
シンデレラはあわてて
おしろを出ました。
ガラスのくつをおとしたまま・・・。

シンデレラは
王子さまとけっこんし
国じゅうの人に
しゅくふくされました。

ハッピー
エンド♡

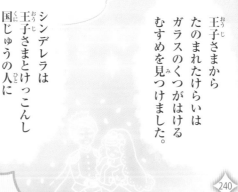

トランプのへいたい ①

下の表をつかおう!

ハートの女王のきゅうなごうれいで、
トランプのへいたいがあつまった。あれ？
ずきんをかぶったへいたいと、かぶっていない
へいたいがいるよ。どちらが多いかな？

あつまったへいたい

あつまれ!

ずきん	あり	人
	なし	人

答え244ページ

読解力　整理力　空間認識力

数・量　図形　データ　プログラミング　めいろ

レベル ★★☆☆☆

トランプのへいたい ②

あつまったへいたいをさらによく
見てみると、はたをもっている
へいたいと、もっていないへいたいがいるね。
どちらが多いかな？

いちばん多い
マークはどれ？
◀答え319ページ

あつまれ！

あつまったへいたい

はた	あり	人
	なし	人

◀答え244ページ

読解力　発想力　整理力　空間認識力

数・量

図形

論理

言語

データ

プログラミング

めいろ

[155の答え]

はたをもっていないへいたい

はた	あり	6	にん人
	なし	8	にん人

[154の答え]

ずきんをかぶったへいたい

ずきん	あり	9	にん人
	なし	5	にん人

あつまれ！

いろんなへいたいさんがいるね

いろんなへいたいさんがいるね

！！アリス！？！！

ずきんありではたありがごうかく！

えっ！？

みじたくチェック!!

きっちり

何人いますか？

しらべよう！

りょうほうありはわからないね

ずきんありは9人 はたありは6人だけど…

244

156
レベル ★★★★☆

トランプのへいたい 3
チャレンジ

ずきんをかぶっていたり、いなかったり、はたを
もっていたり、いなかったり、いろいろなタイプの
へいたいがいるんだね。これをせいりしてみよう！
気づいたことがあったら、アリスにおしえてあげて。

あつまったへいたい

◀ 答え276ページ

		はた	
		あり	なし
ずきん	あり	人	人
	なし	人	人

なるほどー！

気づいたこと

読解力　発想力　整理力　空間認識力

やじゅうからベルへのプレゼントです。プレゼントはぜんぶでいくつあったかな？

ヒント
プレゼントはすべておなじ大きさです。

ベルはよろこんでくれるかな？

◀ 答え248ページ

数・量

図形

プログラミング

めいろ

プレゼントの数 ②

やじゅうとベルが
とうじょうする
おはなしは？
◀答え319ページ

やじゅうからベルへのプレゼントです。プレゼントはぜんぶでいくつあったかな？

ヒント

プレゼントはすべて
おなじ大きさです。

◀答え248ページ

読解力　発想力　整理力　空間認識力

【おうちの方へ】空間認識力が求められる問題です。重なって見えない箱を想像することが大切です。実際にブロックなどを積んでみるなど、遊びに取り入れると図形センスが鍛えられます。

[158 の答え]

10 こ

[157 の答え]

7 こ

こういうばあいは上からかぞえるといいんだ

上から1だん目は —— 3こ
2だん目は
1だん目の下の3こと
見えている1こで —— 4こ

見えていないところははこがないかも？

はこがないと上にはつめないよ

あれ

ズボッ

あやしいものではありません

よくわかりました
2だん目は4こ
ぜんぶで7こですね！

やじゅうさんですよね！

ヒッ

レベル ★★★★★

プレゼントの数 ③

チャレンジ

とっても
うれしいわ！

やじゅうからベルへのプレゼ
ントです。プレゼントはぜん
ぶでいくつあったかな？

ヒント

プレゼントはすべて
おなじ大きさです。

◀ 答え276ページ

読解力　姿勢力　整理力　空間認識力

見つからない道 ①

まじょはどちらを見てる?

まじょに見つからないように、ヘンゼルとグレーテルとゴールをめざそう。

ルール

＊まじょが見ている方向のマスは、通れません。

＊まじょの上や下、うしろ、石のかべの先のマスは見えないので通れます。

スタート

ゴール

◀答え252ページ

読解力　発想力　整理力　空間認識力

250

見つからない道 ②

まじょに見つからないよ
うに、ヘンゼルとグレー
テルとゴールをめざそう。

スタート

ゴール

数・量

図形

プログラミング

めいろ

読解力　発想力　整理力　空間認識力

【おうちの方へ】魔女がどの方向を見ているかを、正確に捉えることが大切です。そして、通れる道ではなく通れない道をさがす視点がもてると、スムーズに解くことができます。

[161の答え]

[160の答え]

160

見つかったらダメだからうごきづらいな

通れないところをぬりつぶすと

道が見えてくるでピ☆

ヘンゼルさんグレーテルさんこっちよ！

ほんとだ！

おあ？

気をつけてね

ゴール

162

レベル ★★★★☆

見つからない道 ③

チャレンジ

どちらがヘンゼルでどちらがグレーテル？
▶答え319ページ

まじょに見つからないように、ヘンゼルとグレーテルとゴールをめざそう。

ルール

* まじょが見ている方向のマスは、通れません。

* まじょの上や下、うしろ、石のかべの先のマスは見えないので通れます。

スタート

ゴール

◀ 答え276ページ

253

読解力　発想力　整理力　空間認識力

下の絵の中に、まじょがどくリンゴを1つかくしたよ。ヒントをよんで、どくリンゴを見つけだそう。

ヒント 1	どくリンゴの色は赤。
ヒント 2	下から3れつ目にある。
ヒント 3	上に青いリンゴがある。

◀ 答え256ページ

読解力　発想力　整理力　空間認識力

数・量　図形　論理　プログラミング　めいろ

254

レベル ★★★☆☆

どくリンゴサがし ②

このページの
リンゴは赤、青、黄、
それぞれ何こかな？
◀ 答え319ページ

下の絵の中に、ま
じょがどくリンゴ
を1つかくしたよ。
ヒントをよんで、
どくリンゴを見つ
けだそう。

ヒント 1	青リンゴの下にある。
ヒント 2	青リンゴではない。
ヒント 3	右に赤リンゴがある。

◀ 答え256ページ

数・量

図形

論理

プログラミング

めいろ

255

読解力　　発想力　　整理力　　空間認識力

163〜164 答え

[164の答え]

[163の答え]

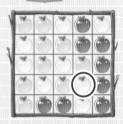

165 レベル ★★★★★

どくリンゴさがし チャレンジ 3

下の絵の中に、まじょがどくリンゴを1つかくしたよ。ヒントをよんで、どくリンゴを見つけだそう。

ヒント 1	青リンゴではない。
ヒント 2	上に赤リンゴがある。
ヒント 3	下に青リンゴがある。
ヒント 4	上から4れつ目にある。

◀答え276ページ

読解力　発想力　整理力　空間認識力

絵を見て、じゆうにおはなしを作ろう。

166

167

マッチは何本？ ①

1本1本かぞえてみましょう！

マッチぼうで下のような立体図形を作ります。
つかったマッチぼうは、ぜんぶで何本かな？

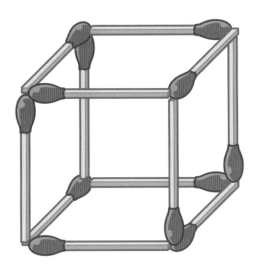

数・量

図形

プログラミング

めいろ

◀答え262ページ

読解力　発想力　整理力　空間認識力

レベル ★★★☆☆

マッチは何本？ ②

マッチ売りの少女は
① グリムどうわ
② アンデルセンどうわ
のどっち？
◀答え319ページ

マッチぼうで下のような立体図形を作ります。
つかったマッチぼうは、ぜんぶで何本かな？

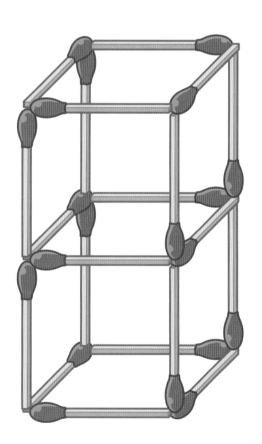

◀答え262ページ

数・量

図形

プログラミング

めいろ

読解力　発想力　整理力　空間認識力

[169 の答え]

20本

[168 の答え]

12本

169

1つは マッチぼうを 12本つかうから

1、2、3…

2つだと 12＋12で 24本だね

24本

12本

それがちがうの

かさねたとき この4本は きょうつうだよ

そうか！

マッチ売りの少女さん

じゃあ 12＋12ー4で 20本だね

ライト！ せいかいです！

20本

262

けいさんでは
どう出す？
◀答え319ページ

マッチは何本？ 3

数・量

図形

マッチぼうで下のような立体図形を作ります。
つかったマッチぼうは、ぜんぶで何本かな？

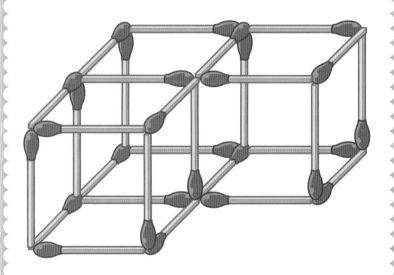

プログラミング

めいろ

◀答え276ページ

読解力　発想力　整理力　空間認識力

どんなきそく？ ①

レベル ★★★☆☆

わたしは
何年ねむったの？
ヒントは 266 ページ
◀答え319ページ

あるきまりでらせんかいだんの色がかわって
いるよ。❓は何色かな？

◀答え266ページ

読解力　発想力　整理力　空間認識力

数・量

図形

きまり発見

プログラミング

めいろ

どんなきそく？ ②

あるきまりでおしろのまどの色がかわっているよ。
5番のまどに色をぬろう。

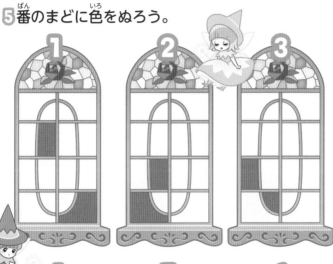

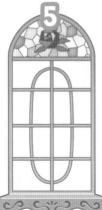

◀ 答え266ページ

読解力　　発想力　　整理力　　空間認識力

【おうちの方へ】色の並び方や数の変わり方に規則性（決まり）があります。決まりを発見する面白さを感じると楽しめます。色の並び方や数の変わり方をじっくり観察することが大切です。

[172の答え]

5

[171の答え]

ピンク色

172

もんだいをといて100年のねむりからひめをたすけたいのです

まかせてください！！！

内がわと外がわに1かしょずつ色がついている

いちがかわってるけど…きまりは…

むずかしい

ん？

内がわと外がわをべつべつに見ると

ぎゃくまわりで1マスずつごいてる！

とけた！！

ぎゃく…

なんでぎゃくにまわってるんだろうね

どんなきそく？ 3

\ものしり/
バラは英語で
rose
というでピ

あるきまりでバラの色や数がかわっているよ。
🔑 は赤バラと白バラがいくつかな？

◀ 答え276ページ

読解力　発想力　整理力　空間認識力

レベル ★★★☆

おはなしパズル 1

おはなしを
よーくよんで
みてね！

数・量

おはなしのないように あっている絵は、
どれかな？　**あ** ～ **え** からえらぼう。

おはなし

おじいさんは、林でひかる竹を見つけました。
中に小さな女の子がねむっています。

図形

あ

い

論理

う

え

プログラミング

めいろ

◀ 答え270ページ

読解力　　　整理力　　　空間認識力

268

レベル ★★★☆☆

おはなしパズル 2

268〜271ページのないようのおはなしは何かな？
◀答え319ページ

数・量

図形

論理

プログラミング

めいろ

おはなしのないようにあっている絵は、
どれかな？　あ 〜 え からえらぼう。

おはなし

かぐやひめはうつくしいむすめとなりました。
そして、みかどと文通をするようになりました。

あ

い

う

え

◀答え270ページ

読解力　　　推理力　　　整理力　　　空間認識力

[175の答え]

う

[174の答え]

え

平安時代に作られた日本でいちばん古いものがたりといわれているわ

まん月——かぐやひめを思い出すなあ

シオン先生　国語のようなパズルですね

算数でも

文のないようやじょうほうをりかいすることがじゅうようなんです

こんや…

わたしは月へかえります

ばっ

しく しく…

おはなしパズル ③ チャレンジ

おはなしのないようにあっている絵は、どれかな？ **あ**〜**え** からえらぼう。

おはなし

十五夜の日、月のみやこから来た天女たちとともに、かぐやひめは月へかえっていきました。

◀答え276ページ

読解力　　　整理力　　　空間認識力

近道をさがせ！ ①

めいろじゃないぴ！

王子は、ラプンツェルがいるとうにむかうよ。
いちばん近い道は、どの道かな？

スタート
ゴール

◀ 答え274ページ

数・量

図形

プログラミング

めいろ

読解力　　　　　整理力　　空間認識力

近道をさがせ！②

王子は、ラプンツェルがいるとうにむかうよ。
いちばん近い道は、どの道かな？

スタート

ゴール

数・量

図形

プログラミング　めいろ

273

読解力　　発想力　　整理力　　空間認識力

【おうちの方へ】図形的な空間認識力が求められる問題です。迷路に見えますが、違うので勘違いしない読解力が必要です。たて→よこに進むよりも、ななめに進む方が近道になることを学びます。

近道をさがせ！ ③

\ものしり/
わたしは日本語で
「かみながひめ」
ともよばれているの

王子は、ラプンツェルがいるとうにむかうよ。
いちばん近い道は、どの道かな？

スタート

ゴール

答え276ページ

読解力　　発想力　　整理力　　空間認識力

チャレンジもんだいの答え

[263ページ 170]

28 本

[267ページ 173]

赤バラ **2** こ
白バラ **1** こ

赤バラ **2** こ
白バラ **0** こ

[271ページ 176]

う

[275ページ 179]

[245ページ 156]

		はた	
		あり	なし
ずきん	あり	6 人	3 人
	なし	0 人	5 人

気づいたこと

<れい> みじたくがごうかくしたのは6人

[249ページ 159]

16 こ

[253ページ 162]

[257ページ 165]

おたのしみもんだいの答え

[258〜259ページ]

167 <れい>

くまくんとうさぎちゃんとりすちゃんが、
パーティーのじゅんびをしていました。
よういができたのではじめようとすると、
どこからかコツコツと足音がきこえてきました。
それは小さな女の子でした。
3びきは女の子をパーティーに入れてあげました。

考えたおはなしのないようが、
きちんとまとめられていれば、せいかいだよ。

166 <れい>

あるところに女の子がいました。
女の子の手には鳥がとまっています。
「あら、何かしら？　ばしゃだわ」
ばしゃには王子さまがのっていました。

276

パート 7

ワイワイ

ぎょうじ
パズル

お花見、七夕、クリスマスなど…、
きせつごとにいろいろなぎょうじがあるね。
みんなでもりあがろう！

おたのしみ会はいつ?

となりあう3マスの合計が「30」になるブロックの、
まん中の日におたのしみ会をします。
おたのしみ会の日はいつかな?　しるしをつけよう。

この3マスの
合計は6、
まん中の日は
2だね

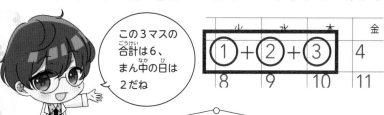

	火	水	木	金
	①+②+③			4
	8	9	10	11

12月

日	月	火	水	木	金	土
		1	2	3	4	5
6	7	8	9	10	11	12
13	14	15	16	17	18	19
20	21	22	23	24	25	26
27	28	29	30	31		

◀ 答え280ページ

読解力　発想力　論理力　空間認識力

279

1＋2＋3＝6

うーん…

2＋3＋4＝9

10日 [答え]

	木	金
	3	4
	⑨ ＋ ⑩ ＋ ⑪	
	17	18
		25

アイカ
けいさんはやーい！

ぱち
ぱち

えっへーん！

あった！
ほらここ！
9＋10＋11
＝30

カレンダーは
おもしろいんだよ
まん中の数字に
たいして
きのうは1日少ない
あしたは1日多いから
あしたの1をきのうの9に
うつすとどうなる？

3つとも
10になる！

どのとなりあう
3マスの合計でも
まん中の数の3ばい
というワケさ

30を3つに分けると
10だから
10日を
見つければいいだけ
なんですね！

そのとおり！

	2	3	4
	9 (+1)	10	⑪
	16	17	18
	23	24	25

何番目かな？①

> \ものしり/
> お正月。
> 1月1日は
> 元日ともいうよ

お年玉をもらったよ。
おじいちゃんからのお年玉は、上から何番目？

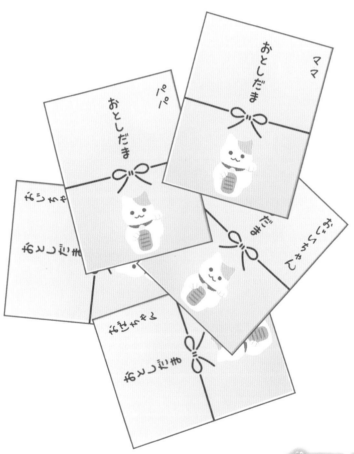

◀ 答え284ページ

読解力　　整理力　　空間認識力

数・量

図形

プログラミング

めいろ

何番目かな？②

たこがかさなっているよ。
花がらのたこは、手まえから何番目？

数・量

図形

プログラミング

めいろ

◀ 答え284ページ

読解力　表現力　処理力　空間認識力

【おうちの方へ】空間認識力が求められる問題。一見簡単そうですが、どれが手前でどれが奥にあるのかまぎらわしい問題です。1つ1つの位置関係、順序を正確に考えることが大切です。

[182 の答え]

手まえから4番目

[181 の答え]

上から3番目

183 レベル ★★★★

何番目かな？ チャレンジ3

\ ものしり /
はごいたには
「はね（羽根）のけて
けんこうにすごす」
というねがいが
こめられているよ

はごいたがかさなっているよ。
ふじさんのはごいたは、上から何番目？

▶ 答え318ページ

数・量

図形

プログラミング

めいろ

285

読解力　記憶力　推理力　空間認識力

何分かかる？ ①

数・量

図形

りんちゃんが、バレンタインのチョコを3人の
友だちのいえにもっともみじかい時間でくばるには、
どの道を通るとよいかな？ 道には、何分かかるか
がかいてあるよ。おなじ道は通れません。

プログラミング

めいろ

◀ 答え288ページ

読解力　思考力　整理力　空間認識力

286

何分かかる？ 2

数・量

ななみちゃんが、バレンタインのチョコを4人の友だちのいえにもっともみじかい時間でくばるには、どの道を通るとよいかな？　道には、何分かかるかがかいてあるよ。おなじ道は通れません。

スタート

ななみちゃんのいえ

3分

3分

2分

4分

6分

2分

4分

4分

◀ 答え288ページ

読解力　　　整理力

【おうちの方へ】迷路のように見えますが違います。問題文の内容をきちんと読み解き、考えられるルートを出し、根気よく計算して最短時間を導き出しましょう。

[185 の答え]

12分

[184 の答え]

11分

184

どうぶつ園のときのパズル（119ページ）にてる〜 行き方がいくつかあるよね

行き方はこの4つでピ！

② ①

④ ③

時間を計算！

えーと足していくと…

② 3＋4＋6＝13分 ① 2＋6＋4＝12分

④ 2＋5＋4＝11分 ③ 3＋5＋6＝14分

コレだ！

④ 大せいかーい!!

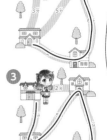
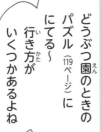

何分かかる？ ③

わたしの なまえ わかるかな？ ◀答え319ページ

さきちゃんが、バレンタインのチョコを5人の
友だちのいえにもっともみじかい時間でくばるには、
どの道を通るとよいかな？　道には、何分かかるか
がかいてあるよ。おなじ道は通れません。

◀答え318ページ

整理力

おだんごさし ①

\ ものしり /
春のお花見。
三色だんごが
かかせないよ

三色のおだんごに竹
ぐしをさそう。
2本作るのに あ 、
い 、どのじゅんに
させばいいのかな。

ルール

＊竹ぐしはまっすぐさす。

＊おだんごは「みどり、
白、ピンク」のじゅん
で竹ぐしにさす。

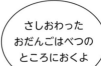

あ

 い

さしおわった
おだんごはべつの
ところにおくよ

数・量

図形

プログラミング

めいろ

◀ 答え292ページ

読解力　発想力

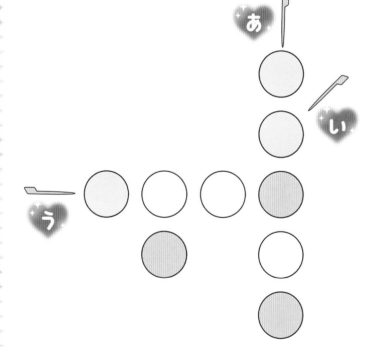

おだんごさし②

220ページの
火の玉けしを
おもいだすでピ！

三色（さんしょく）のおだんごに竹（たけ）ぐしをさそう。
3本（ぼん）作（つく）るのに **あ** 〜
う 、どのじゅんに
させばいいのかな。

ルール

＊竹（たけ）ぐしはまっすぐさす。

＊おだんごは「みどり、
　白（しろ）、ピンク」のじゅん
　で竹（たけ）ぐしにさす。

◀ 答（こた）え292ページ

数・量

図形

プログラミング

めいろ

読解力　発想力　整理力

[188の答え]

い → う → あ

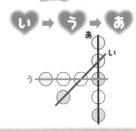

[187の答え]

い → あ

187

春といったらお花見
お花見といったら
三色だんご！

これは火の玉けし（220ページ）と
おなじ考え方でとけるね

① これをさしてから…

② こっちにさす

けすんじゃなくて
くしにさす！

いをさしたら、つぎは
あ

三色のいみはいろいろ
あるみたいだけど
じゅんばんは
くしのねもとから
みどり、白、ピンクって
きまっているんだって！

はい、どうぞ

ありがとー！
わー！

ん〜ま〜う！

おいしいねぇ

きーてない！

へー！

そーなんぜー！

お花見で
見るのは
何の花？
▶答え319ページ

おだんごさし

チャレンジ **3**

数・量
図形
プログラミング
めいろ

三色のおだんごに竹ぐしをさそう。
4本作るのに あ 〜
え 、どのじゅんにさせばいいのかな。

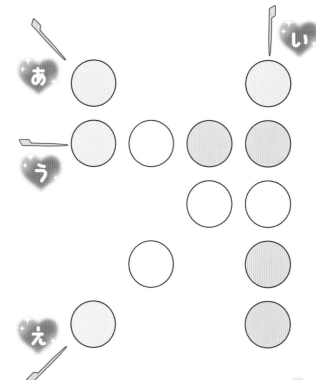

あ　　　　　　　い
う
え

◀答え318ページ

190

レベル ★★★★☆

星つなぎ ①

\ものしり/
7月7日は七夕！
中国からつたわった
星まつりでピ☆

星には1から9までの数が入ります。
ひこぼしの1からおりひめの9まで
数がつながるように、星に数を入れよう。

◀答え296ページ

読解力 　発想力　 理科力 　〇〇〇〇力

レベル ★★★★☆

星つなぎ ②

星には 1 から 12 までの数が入ります。
ひこぼしの 1 からおりひめの 12 まで
数がつながるように、星に数を入れよう。

◀ 答え 296ページ

読解力　発想力　論理力　空間認識力

数・量

図形

プログラミング

めいろ

【おうちの方へ】数を書き込みながら試行錯誤することが大切です。スタートから途中の数までより、ゴールから途中の数までの方がうめる数が少ないことに気づくと、スムーズに解けます。

190〜191 答え

[191の答え]

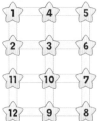

1	4	5
2	3	6
11	10	7
12	9	8

[190の答え]

1	2	3
8	7	4
9	6	5

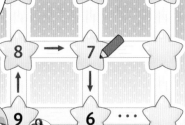

192

レベル ★★★★★

星つなぎ ③

ねがいごとを
かいて、ささのはに
つるすのは何？
◀答え319ページ

星には 1 から 16 までの数が入ります。
ひこぼしの 1 からおりひめの 16 まで
数がつながるように、星に数を入れよう。

◀答え318ページ

読解力　発想力　整理力　空間認識力

297

夏休みニュース

193

花火大会

ニュース 1

ゆかたをきて花火大会に行きました。たくさんのやたいが出ていて大にぎわい。かきごおりやさんのぎょうれつにならびました。ならんでいるのは 17 人！　わたしのうしろにいるのは 3 人です。

クイズ

ななみのまえには
何人いるでしょう。

ニュース 2

読書かんそう文をかくために本をかってもらったよ。すっごくおもしろい本で、その日にさいしょから 20 ページ、つぎの日にはつづきから 30 ページよみました！

クイズ

3 日めは何ページ目から
よみはじめたでしょう。

194

読書かんそう文

ななみのたのしい夏休み！ たくさんの思い出を
ほうこくするよ。クイズにも答えてね！

195

キャンプ。

ニュース3

まだうすぐらいあさの4時、
カブトムシをつかまえに行き
ました。弟は7ひきもつかま
えました！ わたしは2ひき
だったので、2ひきわけてく
れました。とってもやさしい
弟です。

クイズ

弟とわたしのカブトムシのさ
は、何びきになったでしょう。

ニュース4

友だち4人でプールに行きま
した。同じ学校の友だち5
人と会ったので、いっしょに
あたらしくできたビッグスラ
イダーにのりました。スライ
ダーは3人のり。こわかった
けど、たのしかった！

クイズ

何回で、友だちぜんいんが
すべることができたかな？

196

プール。

197

レベル ★★★

たしざんパズル ①

\ものしり/
秋のお月見。
みのりに
かんしゃするよ！

となりあう2つの数をたした数が、やじるしの先にあるよ。あいているまるに入る数は？

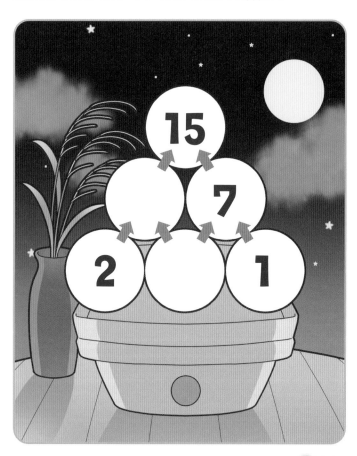

数・量

図形

数

論理

プログラミング

めいろ

答え302ページ

読解力　発想力　論理力　空間認識力

300

レベル ★★★☆☆

たしざんパズル 2

ふつう、お月見だんごの数はいくつ？
答え319ページ

となりあう2つの数をたした数が、やじるしの先にあるよ。あいているまるに入る数は？

◀ 答え302ページ

読解力　発想力　整理力　空間認識力

【おうちの方へ】論理的に考える力を養う問題ですが、表示されている数を手掛かりに、たし算、ひき算を駆使してゲーム感覚で取り組めます。計算力もアップします。

197～198 答え

[198 の答え]

[197 の答え]

198

これは…あれだね！

うんうん♪

ピラミッドパズル（180ページ）の「わかるところからうめていく」つまり…

ぎゃくてんのはっそう‼

9にたして15になる数だから「6」！

6がわかればここは「5」！

こんなにせいちょうしてくれて…よかったブヒ…。

できたねー⁉

302

レベル ★★★★★

たしざんパズル ③

おだんごが
ふえたよ!

となりあう２つの数をたした数が、やじるしの
先にあるよ。あいているまるに入る数は？

答え318ページ

読解力　発想力　整理力

303

200 レベル ★★★★☆

どっちがかった？ 1

\ものしり/
うんどう会だよ！
日本ではじめての
うんどう会は
1874年

赤組、青組、白組で
つな引きをしたよ。
けっかをかちまけ表
にまとめると、1
〜3 には○と×の
どちらが入るかな？

けっか

* 赤組は白組にまけました。
* 青組は赤組にまけました。
* 白組は青組にかちました。

○…かち
×…まけ

	赤	青	白
赤		1	×
青	×		2
白	3	○	

◀ 答え306ページ

読解力　　　考える力　　　整理力　　　空間認識力

304

図形　　データ　　プログラミング　　めいろ

どっちがかった？ 2

いっしょうけんめい
ぜんりょくでたたかう
ことを何という？
◀答え319ページ

赤組、青組、白組、みどり組で
大玉ころがしをしたよ。
かちまけ表のけっかが正しいの
は、あ 、い のどちらかな？

けっか

＊赤組は青組にまけました。
＊みどり組は白組にまけました。
＊青組は白組にかちました。
＊赤組はみどり組にかちました。
＊白組は赤組にまけました。
＊青組はみどり組にかちました。

○…かち
×…まけ

あ

	赤	青	白	みどり
赤		×	○	○
青	○		○	×
白	×	×		○
みどり	×	○	×	

い

	赤	青	白	みどり
赤		×	○	○
青	○		○	○
白	×	×		○
みどり	×	×	×	

◀答え306ページ

読解力　発想力　整理力　空間認識力

【おうちの方へ】表の見方や書き方を覚え、データを整理する力を養います。表にすると、どのチームが一番強いのかすぐにわかるようになるなど、新たな知見が得られます。論理的に考えられるように導きましょう。

200～201 答え

[201の答え]

い

[200の答え]

① ○ ② × ③ ○

200

あい手チーム

		赤	青	白
自分チーム	赤		○	×
	青	×		×
	白	○	○	

自分のチームとあい手のチームのいちにきまりがあることしらなかった～

表にすると、かちまけが一目瞭然だね

よこに見ていけばいいんだねー

インプット～

ひと目見ただけでわかっちゃうってことだよ

イチモクリョウゼン？

ずうぅ～ん

ぜんぶまけた

青組だったでピね…

306

どっちがかった？ ❸

赤組、青組、白組、みどり組で玉入れをしたよ。
かちまけ表を見て、**あ**〜**お**からけっかが
正しいものをぜんぶえらぼう。

	赤	青	白	みどり
赤		△	○	×
青	△		○	△
白	×	×		×
みどり	○	△	○	

○…かち、×…まけ
△…引き分け

あ 赤組は白組にかちました。

い 白組は青組にまけました。

う みどり組は赤組にまけました。

え 青組と赤組は引き分けです。

お 白組はみどり組にかちました。

◀ 答え318ページ

読解力　考える力　整理力　空間認識力

307

ならびじゅん ①

\ ものしり /
ハロウィン☆
10月31日に
おこなわれるよ

ハロウィンパーティーで
くばるおかし。お母さん
がいったとおりにならん
でいるのは、どれかな?
あ 〜 **え** からえらぼう。

3回
くりかえしてね

あ

い

う

え

◀答え310ページ

読解力

数・量

図形

プログラミング

めいろ

ならびじゅん 2

はしから
かくにんする
でビ！

ハロウィンパーティーで
くばるおかし。お父さん
がいったとおりにならん
でいるのは、どれかな？
あ ～ え からえらぼう。

2回
くりかえしてね

あ

い

う

え

◀ 答え310ページ

読解力

[204の答え]

い

[203の答え]

え

203

むむ〜

でも かんたんな
もんだいこそ
気がゆるんで
まちがえがちだよね

サービス
もんだいかな

そうだね

これ、
かんたんじゃない？

それ、ケアレスミスっていうって
エミリー先生がいってた！

はっ!!

ならびじゅん
しっかりかくにんしよっ！

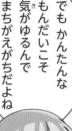

すごいせいちょうだな
もう先生のおしえる
ことはないよ！

出番なし

もくもくー

310

レベル ★★★☆☆

ならびじゅん

チャレンジ **3**

ハロウィンで
よくいう
ことばは？
◀答え319ページ

ハロウィンパーティーで
くばるおかし。お母さん
がいったとおりにならん
でいるのは、どれかな？
あ ～ **え** からえらぼう。

2回
くりかえしてね

あ

い

う

え

◀答え318ページ

読解力　～～力　～～力　空間認識力

数・量
図形
プログラミング
めいろ

レベル ★★★★☆

ぴったり絵 ①

\ものしり/
クリスマスだよ☆
サンタクロースは
フィンランドに
すんでいるよ

まん中の太い線でおったときに、絵がぴったり
かさならないところはどこ？　5かしょあるよ。

◀答え314ページ

読解力　　　　　　　空間認識力

数・量

図形

プログラミング

めいろ

ぴったり絵 2

しゅうちゅうして くらべるでピ♪

数・量

図形

まん中の太い線でおったときに、絵がぴったり
かさならないところはどこ？　7かしょあるよ。

プログラミング

めいろ

◀ 答え314ページ

読解力　　　　思考力　　　　集中力　　　　空間認識力

【おうちの方へ】線対称な図形の性質を学ぶ問題です。じっくり見る必要があるので、集中力も必要です。軸の上に実際に鏡を置いてみると気づきが得られるので、やってみても面白いでしょう。

206～207 答え

[207の答え]

[206の答え]

206

じゃ～ー ん!!

お～っ
さいごはこまかいね!!

中心でおったとき
ぴったり
かさなるか(140ページ)

かたちをよーく見て
はっけんする!

レッツ
スタート!

あった!
ここも!
シャッ!シャッ!……

シャン!シャン!シャン♪☆

? ん? ?

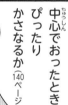

レベル ★★★★★

ぴったり絵 3 チャレンジ

クリスマスって何月何日？
答え319ページ

まん中の太い線でおったときに、絵がぴったり
かさならないところはどこ？　10かしょあるよ。

数・量

図形

プログラミング

めいろ

答え318ページ

読解力　　発想力　　整理力　　空間認識力

ぱっ

コンプリート!

やったね!!

えっ
なに!?

シオン先生!?

ぜんもんクリアした
きみたちに
プレゼントだ!

みんなのぶんも
するぞ〜!

なにかな？
ワクワク

ん？

シュル・・・

[303ページ 199]

[307ページ 202]

あ　い　え

[311ページ 205]

う

[315ページ 208]

[285ページ 183]

上から4番目

[289ページ 186]

17分

[293ページ 189]

う → あ → え → い

[297ページ 192]

7	6	1	2
8	5	4	3
9	12	13	14
10	11	16	15

[298〜299ページ]

196 3回
のる人数は
ぜんぶで9人

195 1ぴき
弟　7－2＝5
ななみ　2＋2＝4

194 51ページ目
2日でよんだのは
20＋30＝50

193 13人
ななみは数に
ふくまれない

おまけもんだいの答え

- 195 ページ／三色だんご
  (三色だんごは、
  くしのねもとから
  みどり、白、ピンクが正しい)

[パート5]

- 203 ページ／いいえ (ほにゅうるい)
- 209 ページ／ 29 さつ
- 211 ページ／ゆみや
- 217 ページ／ピンク
  (ピンク13 こ、オレンジ11 こ、水色11 こ)
- 227 ページ／ 4 人
- 235 ページ／キョンシー

[パート6]

- 243 ページ／スペード ♠
  (スペード5こ、ハート4こ、
  ダイヤ3こ、クローバー2こ)
- 247 ページ／びじょとやじゅう
- 253 ページ／
  男の子がヘンゼル、女の子がグレーテル
- 255 ページ／赤9こ、青9こ、黄8こ
- 261 ページ／ ❷
- 263 ページ／ 12 ＋ 12 ＋ 12 － 8 ＝ 28
- 264 ページ／ 100 年
- 269 ページ／竹取物語 (かぐやひめ)

[パート7]

- 289 ページ／りんちゃん
- 293 ページ／さくら
- 297 ページ／たんざく
- 301 ページ／ 15 こ
  (十五夜の十五にちなんで 15 こそなえる)
- 305 ページ／真剣勝負
- 311 ページ／ Trick or Treat
  (日本語で「いたずらするぞ」といういみ)
- 315 ページ／ 12 月 25 日
  (クリスマスイブは 12 月 24 日)

[めざせ! パズルマスター]

- 19 ページ／ 46・61・65・66・73 ページ

[パート1]

- 47 ページ／つば
- 49 ページ／

- 55 ページ／4つ
- 65 ページ／ 18 ページ
- 71 ページ／ 3 × 3 ＝ 9 (通り)
- 73 ページ／ 11 人
- 75 ページ／
  パティシエ (おかしを作る人)、ケーキ屋さん

[パート2]

- 89 ページ／みどり色
- 93 ページ／シャリ・すしめし・すめし
- 95 ページ／たまご
- 101 ページ／ ❶
- 105 ページ／日本
- 113 ページ／ 16 しゅるい

[パート3]

- 127 ページ／うみ
- 141 ページ／メンダコ
- 144 ページ／ももたろう
- 147 ページ／ブレーメンの音楽たい
- 149 ページ／いいえ (もぐらのなかま)

[パート4]

- 163 ページ／3こ
- 171 ページ／オーストラリア
- 173 ページ／オランダ
- 174 ページ／イギリス
- 181 ページ／エジプト
- 185 ページ／ ❷

[監修者紹介]

田中博史 （たなか ひろし）

「授業・人塾」主宰。 専門教科は算数・数学。 筑波大学附属小学校前副校長。筑波大学非常勤講師。全国算数授業研究会前会長。学校図書教科書『小学校算数』監修委員。「自ら考え、自ら表現できる子ども」を育てる、カリスマ算数教師として知られる。教師教育に取り組んでおり、全国各地はもとより海外でもモデル授業や講演を行う。NHK教育番組「かんじるさんすう1、2、3！」や総合テレビ「課外授業ようこそ先輩」などメディアでも活躍。著書に、『わくわく算数忍者』(文溪堂)、『考える！ 算数脳天才パズルシリーズ』(学研プラス) など多数。

★いきもの監修協力　今泉忠明

★イラスト・マンガ

七海喜つゆり（めざせ！ パズルマスター、パート1）、木目りん（パート2）、つのじゅ（パート3）、芋井もい（パート4）、木下沙沙美（パート5）、ジェミニ（パート6）、真瀬ひかる（パート7）、Getty Images（国旗）

★デザイン　　棟保雅子

★校閲　　　　有限会社パピルス21

★執筆協力　　中谷 晃

★編集協力　　平山祐子

あたまがよくなる！
女の子のキラメキパズルDX

2020年9月10日発行　第1版

監修者	田中博史
発行者	若松和紀
発行所	株式会社 西東社
	〒113-0034　東京都文京区湯島2-3-13
	http://www.seitosha.co.jp/
	営業　03-5800-3120
	編集　03-5800-3121〔お問い合わせ用〕

※本書に記載のない内容のご質問や著者等の連絡先につきましては、お答えできかねます。

ISBN 978-4-7916-2871-1